Louis de Bonald

Théorie
du pouvoir politique
et religieux

essai

ISBN : 978-1537337890

10 9 8 7 6 5 4 3 2 1

Louis de Bonald

Théorie du pouvoir politique et religieux

essai

Table de Matières

Préface

Dans tous les temps, *l'homme a voulu s'ériger en législateur de la société religieuse et* de *la société* politique, et donner une constitution à l'une et à l'autre : or, je crois possible de démontrer que l'homme ne peut pas plus donner une constitution à la société religieuse ou politique, qu'il ne peut donner la pesanteur aux corps, ou l'étendue à la matière, et que, bien loin de pouvoir constituer la société, l'homme, par son intervention, ne peut qu'empêcher que la société ne se constitue, on, pour parler plus exactement, ne peut que retarder le succès des efforts qu'elle fait pour parvenir à sa constitution naturelle.

En effet il existe une et une seule *constitution* de société politique, une et une seule *constitution* de société religieuse ; la réunion de ces deux *constitutions* et de ces deux sociétés *constitue* la société civile ; l'une et l'autre *constitution* résultent de la nature des êtres qui composent chacune de ces deux sociétés, aussi *nécessairement* que la pesanteur résulte de la nature des corps. Ces deux *constitutions* sont *nécessaires* dans l'acception métaphysique de cette expression, c'est-à-dire qu'elles *ne pourraient être autres qu'elles ne sont, sans choquer la nature des êtres qui composent chaque société* : ainsi toute société religieuse ou politique, qui n'est pas encore parvenue à sa *constitution* naturelle, tend nécessairement à y parvenir ; toute société religieuse ou politique, que les passions de l'homme ont écartée de sa constitution naturelle, tend, nécessairement à y revenir. Cette tendance contrariée par les passions de l'homme, ce combat entre l'homme et la nature, pour constituer la société, est la seule cause des troubles qui se manifestent au sein des sociétés religieuses et politiques. La force, l'indépendance, le perfectionnement en tout genre, sont, dans la société religieuse et politique, les fruits *nécessaires* de la constitution ; la faiblesse, la dépendance, la détérioration religieuse et politique sont l'infaillible partage des sociétés non constituées. Une société religieuse non constituée n'est qu'une forme extérieure de religion ; une société politique non. constituée n'est. qu'une forme extérieure de gouvernement ; et, à proprement parler, des sociétés non constituées ne méritent pas plus le nom de *société,* qu'un corps qui ne serait pas pesant ne mériterait le nom de corps. Si *je n'ai pas démontré ces vérités, d'autres les démontreront, parce que le temps et les événements ont mûri ces vérités ; parce que la conservation de la société civile dépend aujourd'hui de leur manifestation, et que l'agitation intestine, qu'il n'est que trop aisé d'apercevoir dans la société générale, n'est autre chose que les efforts qu'elle lait pour enfanter des vérités essentielles à son existence.*

Non seulement ce n'est pas à l'homme à constituer la société, mais c'est à la société à constituer l'homme, je veux dire à le former par l'éducation sociale.

L'homme n'existe que pour la société, et la société ne le forme que pour elle : il doit donc employer au service de la société tout ce qu'il a reçu de la nature et tout ce qu'il a reçu de la société, tout ce qu'il est et tout ce qu'il a. Servir la société, c'est *l'administrer* suivant la force de cette expression, ou exercer une fonction dans une partie quelconque de son administration.

J'ai donc traité de la constitution politique, de l'éducation sociale, de l'administration publique ; c'est-à-dire que j'ai traité le sujet le plus vaste et le plus important de tous ceux que l'homme peut soumettre à ses méditations. Que sont en effet toutes les sciences auprès de la science de la société ? et qu'est l'univers lui-même, si on le compare à l'homme ?

Après avoir établi les principes de la constitution des sociétés en général, et en avoir fait l'application à la constitution de la société politique, j'ose les appliquer à la constitution de la société religieuse ; en développant ces principes, sous des rapports moraux ou religieux, je suis pas à pas l'ordre et la marche que j'ai suivis en les développant sous les rapports politiques. Je parviens donc à des résultats absolument semblables ; et cela doit être : car la société civile, réunion d'êtres à la fois intelligents et physiques, est un tout composé de deux parties absolument semblables, puisqu'elles sont composées des mêmes éléments, et que la seule différence qui existe entre elles consiste dans le rapport différent sous lequel chacune de ces parties considère les éléments ou les êtres que l'une de ces parties, qui est la société politique, considère comme *physiques et intelligents,* et que l'autre partie, qui est la société religieuse, considère comme *intelligents et physiques.*

Mais pourquoi des vérités si importantes au bonheur de la société sont-elles restées jusqu'à présent ensevelies sous un prodigieux amas d'erreurs ? Si leur démonstration est *nécessaire,* pourquoi leur manifestation est-elle si tardive ? Dans les sciences qui ont pour objet la quantité, l'étendue, le mouvement, les propriétés enfin de la matière, l'homme a fait des progrès étonnants ; et dans sa propre science, et dans la science de la société politique, il en est encore aux éléments et presque à l'ignorance du premier âge ! Ne cherchons pas hors de l'homme la cause de cette contradiction... Si, révélant à la pensée le mystère de ce nœud invisible et puissant qui, dans la société politique, de toutes les volontés ne fait qu'une *volonté,* de tous les pouvoirs ne fait qu'un pouvoir, de toutes les *forces* ne fait qu'une force, de tous les *hommes* ne fait qu'un *homme,* la nature lui présente cette idée de *l'unité, si* grande parce qu'elle est si simple ; si elle lui montre dans l'homme moral *unité de vo*lonté, dans l'homme physique *unité* d'action, dans l'univers *unité* de plan ; si elle lui fait voir dans *l'unité* le principe de l'ordre, dans *l'unité* le secret du *beau : l'ambition* déçue de ses espérances s'indigne contre la barrière que la nature veut opposer à ses desseins, et l'homme, entraîne par l'ambition, rejette les inspirations de la nature ; et, s'éloignant de l'idée simple et vraie de *l'unité* et de *l'indivi*sibilité du pouvoir, se perd dans les combinaisons laborieuses de la division et de l'équilibre des pouvoirs.

C'est donc sur une fatalité aveugle, sur une division sans terme ou un équilibre incertain de pouvoirs, que l'homme élève, malgré la nature, à l'aide de l'orgueil et de l'ambition, l'édifice de la société...

Lorsque je fonde un système de politique sur des propositions générales ou abstraites, et que j'en fais l'application par l'histoire, il ne suffit pas, pour le combattre, d'opposer des propositions à des propositions, ni des raisonnements à des raisonnements, mais il faut encore opposer les faits aux faits, l'histoire à l'histoire. Donnons-en un exemple. Des hommes qu'on a honorés du titre de métaphysiciens politiques, et dont toute la métaphysique est l'obscurité d'un esprit faux, et toute la politique les désirs effrénés d'un cœur corrompu, ont avancé que la *souveraineté résidait dans le peuple.* C'est là une proposition générale ou *abstraite ; mais* lorsqu'on veut en faire l'application à l'histoire ou par l'histoire, il se trouve que le peuple n'a jamais été et qu'il ne peut jamais être *souverain : car* où seraient les *sujets* quand le peuple est souverain ?

Louis de Bonald

Si l'on veut que la *souveraineté réside dans le peuple,* dans ce sens qu'il ait le droit de faire des lois, il se trouve que nulle part le peuple n'a fait des lois, qu'il est même impossible qu'un peuple fasse des lois, et qu'il n'a jamais fait, et qu'il ne peut jamais faire autre chose qu'adopter des lois faites par un homme appelé par cette raison *législateur : or,* adopter des lois faites par un homme, c'est lui obéir ; et *obéir* n'est pas être souverain, mais sujet, et peut-être esclave. Enfin si l'on prétend que la *souveraineté réside dans le peuple,* dans ce sens que le peuple en délègue l'exercice en nommant ceux qui en remplissent les diverses fonctions, il se trouve que le peuple ne nomme personne, et ne peut même nommer qui que ce soit ; mais qu'un nombre *convenu* d'individus, qu'on est *convenu* d'appeler *peuple,* nomment individuellement qui bon leur semble, en observant certaines formes publiques ou secrètes dont on est également *convenu.* Or des conventions ne sont pas des vérités ; car les conventions humaines sont *contingentes,* c'est-à-dire qu'elles peuvent être ou n'être pas, ou être autres qu'elles ne sont ; au lieu que les vérités sont *nécessaires,* c'est-à-dire qu'elles doivent être et qu'elles ne peuvent être autres qu'elles ne sont sans cesser d'être des vérités. Donc cette proposition générale ou *abstraite : La souveraineté réside dans le peuple,* n'a jamais reçu et ne peut recevoir aucune application ; donc c'est une erreur.

J'ai énoncé dans les premiers chapitres de mon ouvrage des propositions générales et *abstraites :* mais j'en ai fait une application continuelle et suivie à l'histoire et ces propositions *abstraites* sont devenues des vérités évidentes, des *principes.*

Première partie : Sociétés politiques

Livre I : Lois fondamentales des sociétés

1. Sociétés naturelles

On ne peut traiter de la société sans parler de l'homme, ni parler de l'homme sans remonter à Dieu.

Le genre humain, c'est-à-dire les sociétés de tous les temps et de tous les lieux, a eu le *sentiment* de l'existence de la divinité : donc la divinité existe ; car le *sentiment* général du genre humain est infaillible.

Existence de Dieu, vérité fondamentale ; je la suppose ici, j'essayerai ailleurs de la démontrer...

Il existe des lois entre Dieu et l'homme, des lois ou des *rapports nécessaires* dérivés de leur nature ; *rapports* de *volonté* commune, *d'amour* réciproque, agissant par la *force ou* la *puissance*, pour la *fin* de leur production et de leur conservation mutuelles ; production ou création de l'homme et sa conservation *par* la volonté, l'amour et la puissance de Dieu ; production ou connaissance de Dieu et sa conservation, *dans* la volonté, l'amour et la force de l'homme. Il y a donc *société* entre Dieu et l'homme. C'est la société naturelle religieuse ou *religion naturelle*.

Il existe entre l'homme et l'homme des lois ou des *rapports nécessaires* dérivés de leur nature physique ou morale, de *volonté* commune, *d'amour* réciproque, agissant par les *sens ou* par la *force pour la fin de leur production et de leur conservation mutuelles. Il y a* donc *société* entre l'homme et l'homme. C'est la société naturelle physique ou la *famille*.

La société naturelle physique comprend tout ce qui sert à la subsistance de la famille, je veux dire les propriétés ; car nul être vivant ne peut subsister sans propriété : on peut même dire qu'il existe entre l'homme et les êtres matériels qui entrent dans la société naturelle, comme utiles à sa subsistance, des *rapports nécessaires qui* ont pour objet la *reproduction* et la *conservation* mutuelles. Car, si les fruits de la terre et les animaux domestiques aident à la *reproduction* et à la *conservation* de l'espèce humaine, en nourrissant l'homme physique et satisfaisant ses besoins, l'homme à son tour les *reproduit* et les *conserve* par ses soins et ses travaux. Ainsi la propriété commence avec la société naturelle, et elle est antérieure à toute autre société.

Les sociétés naturelles religieuse et physique sont donc des réunions d'êtres semblables par des lois ou rapports nécessaires de volonté commune, d'amour réciproque agissant par la force pour la fin de leur production et de leur conservation mutuelles.

Donc la société religieuse et la société physique sont *semblables*, *puisqu'il* existe des rapports *semblables* entre les êtres qui les composent. Donc la société religieuse et la société physique ont la même *constitution,* puisque la *constitution* d'une société est l'ensemble des lois ou rapports *nécessaires* qui existent entre les êtres dont elle est composée.

Dieu et l'homme, les esprits et les corps, sont *donc* les êtres sociaux, éléments de toute société.

L'homme *conserve* Dieu et *conserve* son semblable, parce que l'homme [est] *bon* et tel qu'il est sorti des mains de son créateur.

Qu'est-ce que la conservation d'un être ? C'est son existence dans un état conforme à sa nature.

L'état conforme à la nature de Dieu est la perfection, puisque Dieu est la perfection même.

L'état conforme à la nature de l'homme intelligent est aussi la perfection, puisque l'homme intelligent est semblable à Dieu.

L'état conforme à la nature de l'homme physique est la *liberté,* puisque l'homme physique est *puissance ou force.*

Dieu, relativement à l'homme, n'est pas *conservé* dans la perfection conforme à sa nature, tant que l'homme ne *conserve* pas la connaissance de ses perfections.

L'homme intelligent n'est pas *conservé* dans la perfection conforme à sa nature, quand il perd la connaissance de Dieu ; car la perfection de l'être intelligent consiste à avoir la connaissance de la perfection qui est Dieu même.

L'homme physique n'est pas *conservé* dans la *liberté* conforme à sa nature, quand il est assujetti à la *force* particulière d'un autre homme. Or, la religion naturelle ne conserve pas plus la connaissance de Dieu dans l'homme intelligent, que la famille ne conserve la liberté de l'homme physique, puisque l'histoire me montre le polythéisme aussitôt que la religion naturelle, et l'esclavage aussitôt que la famille.

La religion naturelle et la famille sont donc des sociétés de production, mais elles ne sont pas des sociétés de conservation.

D'où provient ce désordre ? et comment l'homme créé à l'image de Dieu, et qui produit l'homme à sa propre image, peut-il cesser de *conserver* Dieu, de *conserver* l'homme ?

Puisque l'amour de soi est, dans l'homme, le principe de la *production* des êtres sociaux, puisque l'amour des êtres sociaux est dans l'homme le principe de leur *conservation* ; l'homme de la religion naturelle et de la famille, qui *produit* les êtres et qui ne les *conserve* pas, a donc l'amour de soi et n'a pas l'amour des êtres sociaux, c'est-à-dire de Dieu et des hommes.

Si l'homme, déréglé dans son *amour*, pèche contre une loi ou *rapport nécessaire, il* est coupable ; s'il est coupable, il doit être puni ; s'il est puni, il est malheureux : ce sont là des *rapports nécessaires, des lois. Tous* les hommes sont malheureux, puisqu'ils sont tous mortels : donc ils sont tous punis ; donc ils sont tous coupables ; donc *la volonté de toits, l'amour de tous, la force de tous est nécessairement dépravée ou déréglée...*

Là où toutes les volontés particulières, tous les amours particuliers, toutes les forces particulières, veulent nécessairement dominer, il est nécessaire qu'une volonté générale, un amour général, une force générale dominent ; c'est-à-dire que, pour que la société puisse se former, il faut que *l'amour général* des autres l'emporte sur *l'amour particulier* de *soi.*

Voilà l'accord des *intérêts opposés,* voilà la société générale ou politique.

On pourra définir la religion chrétienne et la monarchie, une *réunion d'ares semblables, réunion dont la fin est leur conservation mutuelle ;* comme on définit la religion naturelle et la famille, *une réunion d'ares semblables, réunion dont la fin est leur production mutuelle.*

2. Sociétés politiques ou générales

Volonté générale, *amour* général, *force* générale, forment la constitution de la société politique ou de la société de *conservation.*

Donc la *volonté, l'amour* et la force sont extérieurs ; car il n'y a de *général* que ce qui est *extérieur ou* public.

Comment la volonté générale fut-[elle] rendue extérieure ?

Des êtres en société sont, les uns à l'égard des autres, dans de certaines manières d'être qu'on appelle rapports.

Louis de Bonald

Ces *rapports* sont des lois quand ils sont *nécessaires,* c'est-à-dire *quand ils sont tels qu'ils ne pourraient être autres qu'ils ne sont, sans choquer la nature des êtres.*

Des êtres en société entre lesquels il existe des *rapports nécessaires,* sont donc l'état social le plus conforme à leur nature, c'est-à-dire le plus parfait, le plus propre à assurer leur conservation.

Mais là volonté générale de la société politique *veut* la conservation des êtres ; donc elle *veut* les *lois ou rapports nécessaires* entre les êtres ; si elle les *veut,* elle les *produit, ou* se *produit* elle-même par eux, puisque la volonté générale est nécessairement efficace.

Des lois on rapports *nécessaires* sont des rapports ou des lois fixes, immuables, fondamentales ; donc les lois fixes, immuables, fondamentales, sont la *manifestation,* la *révélation, l'expression* de la volonté générale.

Comment l'amour général fut-il rendu extérieur ?

L'amour est *esprit* et corps, puisqu'il est pensée et action : il ne peut donc être rendu extérieur ou manifesté que par un esprit uni à un corps, par un homme. Il s'éleva dans un homme, et cet homme fut *l'amour* général de la société, puisqu'il appartint à la fois à sa volonté générale dont il manifesta les ordres, et à la *force* générale dont il dirigea l'action. Ainsi l'amour, dans la société comme dans l'homme, fut le nœud, l'intermédiaire de la partie intelligente et de la partie matérielle ; et cet homme s'appela *monarque,* parce qu'il *ordonna* seul, et *roi,* parce qu'il *dirigea* la force publique. Il fut l'amour général ou de conservation, c'est-à-dire l'amour des autres, parce qu'il personnifia la société, ou le prochain en général, à l'égard de chaque homme en particulier. L'amour des hommes est pouvoir conservateur, lorsqu'il agit par la force ou la puissance : cet homme-roi fut donc le pouvoir conservateur lorsqu'il dirigea la force générale ou publique.

Ainsi la société, qu'il faut bien distinguer du rassemblement d'hommes, du peuple, ne put exister avant le monarque, parce qu'elle ne *put* exister avant le *pouvoir* d'exister : donc il est absurde de supposer que la société put prescrire des conditions au monarque.

Comment la force générale de la société fut-elle rendue extérieure ?

La volonté particulière de l'homme-roi ne représenta pas la volonté générale, parce que la volonté de tout homme est essentiellement déréglée : sa *force* particulière ne put pas représenter la force générale, parce que la force d'un homme est physiquement insuffisante ; mais il put représenter *l'amour* que les hommes en société doivent avoir les uns pour les autres, être le but, le centre de cet *amour* mutuel, parce que l'amour est bon de sa nature, et qu'il est nécessairement *conservateur* lorsqu'il est réglé par une volonté *conservatrice.*

Le roi ne fut dans la société ni le pouvoir législatif, ni le pouvoir exécutif, ni le pouvoir judiciaire, mais le pouvoir général ou social conservateur, qui, pour faire exécuter les lois, expression de la volonté générale conservatrice, agit par la force générale. La volonté générale essentiellement conservatrice, se manifestant par les lois, dirigea donc le pouvoir général, qui fut nécessairement conservateur, lorsqu'il agit par une force qui fut nécessairement conservatrice.

Ainsi, volonté générale manifestée par des lois fondamentales ; pouvoir général exercé par un roi, agent de la volonté générale ; *force* générale ou publique, action du pouvoir général, formèrent la constitution de la société de conservation, ou de la société politique ou générale.

Et comme j'aperçois ces caractères dans certaines sociétés, et que je ne les aperçois pas dans toutes les sociétés, j'en conclus qu'il y a des sociétés qui ont une constitution, et des sociétés qui n'ont pas de constitution ; des sociétés constituées, et des sociétés non constituées, c'est-à-dire des sociétés qui *conservent* les êtres, et des sociétés qui ne les *conservent* pas, ou qui ne se *conservent* pas elles-mêmes, puisqu'elles n'ont pas de pouvoir *conservateur.*

3. Sociétés constituées et non constituées

Si, dans une société politique, les rapports entre les êtres qui la composent étaient tous *nécessaires,* toutes les lois seraient parfaites ; cette société serait parfaitement constituée, puisqu'elle remplirait parfaitement sa fin, qui est la conservation des êtres sociaux.

Si dans une société politique les êtres sont entre eux dans des rapports non *nécessaires, ou* contraires à leur nature, les lois, loin

Louis de Bonald

d'être fixes et fondamentales, seront variables et défectueuses ; cette société sera imparfaite ou non constituée, puisqu'elle n'atteindra qu'imparfaitement sa fin, la conservation des êtres, cette société produira les êtres, mais elle ne les *conservera* pas.

Ainsi toutes les sociétés religieuses *produisent* Dieu dans la pensée de l'homme, c'est-à-dire donnent à l'homme la pensée de Dieu, sans laquelle il ne peut exister de religion ; mais toutes ne conservent pas Dieu ou la connaissance de ses perfections dans l'intelligence humaine, et par conséquent elles ne conservent pas l'homme intelligent dans la perfection conforme à sa nature. Ainsi toutes les sociétés physiques produisent l'homme par le rapprochement des sexes, mais toutes ne le conservent pas dans la liberté conforme à la nature de son être. On peut dire que ces sociétés *rapprochent les* êtres sans les réunir, et les produisent sans les conserver.

... Si les rapports nécessaires ou lois fixes, immuables, fondamentales, sont produits par la volonté générale de la société, les rapports non nécessaires ou les lois variables et défectueuses, seront produits par la volonté dépravée et particulière de l'homme ; car les hommes ne peuvent pas exister ensemble sans être les uns à l'égard des autres dans des rapports quelconques, nécessaires on défectueux, conformes ou contraires à leur nature.

Ainsi volonté générale de la société, volonté particulière de l'homme, sont le législateur des sociétés constituées et des sociétés non constituées.

Les formes de gouvernement peuvent varier à l'infini, mais toutes les espèces peuvent se réduire à deux genres. En effet, le principe des sociétés non constituées, de celles qui n'ont qu'une forme extérieure de gouvernement, étant la volonté particulière, le pouvoir y est nécessairement particulier ; car il est évident que, dans le même être, la volonté et le pouvoir doivent être de même nature, et qu'une volonté particulière, ou une somme de volontés particulières, ne peut s'exercer que par un pouvoir particulier, ou une somme de pouvoirs particuliers.

Donc le pouvoir, dans la société non constituée, ne pourra être qu'un ou plusieurs, ce qu'on appelle gouvernement despotique, ou gouvernement républicain,

Ainsi : Volonté particulière d'un seul, pouvoir particulier d'un seul, force de tous : c'est le despotisme, gouvernement impossible. Volonté particulière de plusieurs, pouvoir particulier de plusieurs, force de tous : c'est la république, gouvernement impossible, si l'on suppose que la volonté particulière soit celle de tous, le pouvoir particulier celui de tous : ce qui constitue la démocratie pure, qui, selon, Rousseau lui-même, n'a jamais existé et ne peut pas exister.

Ces définitions présentent plusieurs observations importantes :

1° Que la volonté particulière et le pouvoir particulier sont le caractère commun des sociétés non constituées.

2° Que la force publique est un caractère commun à toutes les sociétés constituées ou non ; mais avec cette différence, que la force publique est une force générale dans la société constituée, parce qu'elle est l'action d'un pouvoir général ; au lieu que, dans les sociétés non constituées, la force publique n'est que la force particulière de tous, puisqu'elle n'est que l'action d'un *pouvoir* particulier : de là vient que la même force, qui fait la sûreté des sociétés constituées, fait le danger et la perte de celles qui lie le sont pas.

3° Les deux formes extrêmes de gouvernement, le despotisme pur et la démocratie pure, ont un rapport commun, celui d'être impraticables ; ces deux gouvernements se rapprochent par conséquent, et comme les deux extrémités d'un cercle, ils finissent par se confondre. En effet, si la démocratie pure est impossible, parce que les volontés de tous, les pouvoirs de tous ne peuvent s'exercer ensemble, le despotisme pur ne l'est pas moins, parce que la force de tous, dirigée par le *pouvoir* particulier d'un seul, doit nécessairement finir par renverser ce pouvoir, et qu'il est contre la nature que la force de tous soit guidée par le *pouvoir* d'un seul ; tandis qu'il est dans la nature que le pouvoir général dirige, sans danger, la force générale.

Ainsi la démocratie pure est précisément l'état sauvage, où toutes les volontés, tous les pouvoirs, toutes les forces se heurtent et se combattent ; et le despotisme pur est l'état de conquête, où un chef absolu chasse devant lui un troupeau d'esclaves, toujours prêts à se révolter. La société politique, milieu entre ces deux états, est une armée disciplinée dont tous les soldats sont réunis, par un intérêt

Louis de Bonald

commun, sous les ordres d'un général ; cette armée est toujours en ordre de bataille, parce que l'ennemi est toujours en présence : la moindre négligence dans le chef est punie par un échec. La société politique n'est réellement que la guerre des bons contre les méchants, et toute la vie des premiers n'est qu'une longue et périlleuse campagne. Cette idée est aussi juste en politique qu'en morale, et le gouvernement monarchique n'en est que l'application.

4° Il ne peut y avoir qu'une constitution, ou nue forme de société constituée, parce que, sur un même objet, il ne peut y avoir *qu'un* rapport *nécessaire. Ainsi,* dans la société politique constituée, le pouvoir général est entre les mains d'un seul homme ; mais il peut y avoir une infinité de formes différentes de gouvernement, parce qu'il peut y avoir, sur un même objet, une *infinité* de rapports non *nécessaires. Ainsi* dans la société politique non constituée, le pouvoir peut être celui d'un nombre indéfini de personnes ; et il est aisé de voir que la société politique non constituée, ou le gouvernement, sera plus vicieux à mesure que le nombre qui exprimera les personnes exerçant le pouvoir s'écartera davantage de l'unité ou de la monarchie. Les vérités géométriques ne sont pas plus évidentes.

5° Dans la société constituée, la constitution se confond avec la forme de gouvernement. En effet, volonté générale de la société, manifestée par des lois fondamentales, *pouvoir* général exercé par un monarque, force générale dirigée par le pouvoir général, *forment* la constitution, et *constituent* la forme de gouvernement monarchique : c'est-à-dire que les lois politiques qui *constituent* la forme de gouvernement sont des conséquences nécessaires des lois fondamentales qui *forment* la constitution, et sont fondamentales elles-mêmes.

6° Dans les sociétés non constituées, il n'y a point de volonté générale, point de rapports nécessaires, point de lois fondamentales. Aussi les lois politiques qui déterminent la forme de gouvernement, ouvrage de la volonté dépravée de l'homme, ne peuvent avoir rien de nécessaire, rien de fondamental, ou fondé sur la nature des êtres ; mais elles sont variables, défectueuses. Je vais plus loin, et je soutiens qu'elles sont *toutes* absurdes ou puériles, ridicules ou cruelles, immorales ou injustes, contraires à la nature de l'homme, attentatoires à sa liber-té ou à sa dignité.

Mais si les lois ou rapports *non nécessaires* sont l'ouvrage de la volonté dépravée et particulière de l'homme, ils ne peuvent détruire les lois ou rapports nécessaires qui existent entre les êtres, et que la volonté générale de la société ou la nature veulent *nécessairement* produire. Les sociétés non constituées tendent donc inévitablement et invinciblement à se constituer, et les sociétés constituées à devenir plus constituées ; c'est-à-dire que la législation de la nature tend à détruire celle de l'homme, et à substituer ses lois ou rapports nécessaires à des rapports qui ne le sont pas.

C'est parce que le progrès inverse de la royauté à la démocratie est impossible, et que l'inclination naturelle des sociétés est de passer de la démocratie à la royauté, que les troubles éternels des républiques finissent tôt on tard par y établir le pouvoir d'un seul, et que les crises violentes que les monarchies essuient quelquefois, loin d'y changer la forme du gouvernement, y perfectionnent souvent la législation. C'est parce que la volonté générale, ou la nature, fait des lois dans les sociétés constituées, et que la volonté particulière de l'homme en imagine dans les sociétés non constituées, qu'on ne voit de *législateurs* que dans les États despotiques ou républicains, et qu'on ne peut assigner d'origine, ni de date certaine, à la plupart des lois fondamentales des sociétés constituées. Dans celles-ci, on peut toujours corriger une loi défectueuse, et faire le changement dont la nature indique la nécessité. Mais dans la société non constituée, dans laquelle on a commencé par méconnaître le principe, on ne peut que s'égarer dans les conséquences ; et faute d'un régulateur certain, l'homme ne peut apercevoir ses erreurs qu'en en éprouvant les suites funestes, ni les corriger que par des erreurs nouvelles. C'est précisément parce que les modernes législateurs ont senti ce vide radical de leur législation, qu'ils ont essayé de suppléer au principe *fondamental* par des déclarations *préliminaires* de *droits* imaginaires et de *devoirs* prétendus : véritable manifeste dans la guerre que l'homme déclarait à la nature, déclarations de *droits* et de *devoirs,* qui ôtent à l'honnête homme la force des *droits* réels, et au scélérat le frein des *devoirs* nécessaires ; bavardage niaisement absurde ou profondément dangereux, dans lequel nous avons vu l'idiot placer une sottise, persuadé qu'il y posait un principe, et le factieux consacrer un forfait, en persuadant aux autres qu'il y développait une vérité.

4. Sociétés civiles

La société civile est la réunion de la société intellectuelle ou religieuse, et de la société politique.

Si la société politique constituée est celle qui assure le mieux l'unité du *pouvoir* général de la société et la conservation de l'homme physique, la société religieuse ou la religion constituée sera celle qui défendra le mieux, dans la société, la foi de l'unité de Dieu et de l'immortalité de l'âme, on la conservation de l'homme moral.

Ainsi un peuple, malgré sa prétendue souveraineté, n'a pas plus le *droit* de s'écarter de la constitution politique de l'unité de pouvoir, que de la constitution religieuse de l'unité de Dieu. Il peut en avoir la *force*, mais il n'en a pas le pouvoir, et cette *force* n'est pas celle qu'a tout homme de transgresser les lois religieuses et morales.

Là où tous les hommes veulent dominer, avec des volontés égales et des forces inégales, il est nécessaire qu'un seul homme ou que tous se détruisent.

Ce *pouvoir* général et unique doit diriger la force générale ou publique, et toute force s'exerce par des agents. Ces agents seront nécessairement *distin*gués des autres membres de la société, car les agents d'une force sont *nécessairement distingués* de ceux sur qui ou contre qui cette force s'exerce.

J'aperçois deux *distinctions,* et elles sont *sociales,* puisqu'elles ont la conservation de la société pour objet ; et elles doivent être permanentes, parce que, dans l'homme, la volonté déréglée qu'elles ont à combattre est indestructible.

Religion publique, *pouvoir* unique, distinctions - sociales - permanentes, lois fondamentales de l'existence des sociétés civiles.

1° Parce qu'elles sont fondées sur la nature de l'homme moral et de l'homme physique, éléments de toute société ;

2° Parce que leur type se retrouve dans toutes les sociétés.

Il n'y a jamais eu de sociétés sans dieux, il n'y a jamais en de nations sans chefs, il n'y a jamais eu de dieux sans prêtres, ni de chefs sans soldats, c'est-à-dire qu'il n'y a jamais en de religion sans ministres ni de force publique sans agents.

On peut donc définir la société civile constituée

L'ensemble des rapports ou lois nécessaires qui lient entre eux Dieu et l'homme, les êtres intelligents et les êtres physiques, pour leur commune et réciproque conservation.

Là où tous les hommes veulent nécessairement dominer avec des volontés égales et des forces inégales, il est nécessaire qu'un seul homme domine ou que tous se détruisent. Cet axiome est à la politique ce qu'est à la géométrie l'axiome de *la ligne droite la plus courte entre deux points.* La géométrie s'est perfectionnée parce qu'on est parti d'un principe évident. La politique a rétrogradé, parce qu'on est parti d'hypothèses ingénieuses. Ainsi les principes des gouvernements se sont altérés, en même temps que les connaissances se sont étendues. Ainsi les sociétés ont été plus agitées, en même temps que les académies sont devenues plus savantes.

5. Religion publique, forme de gouvernement

La société intellectuelle ou religieuse a pour objet la conservation de l'homme social par la répression de ses volontés dépravées ; la société politique a pour objet la conservation de l'homme social par la compression des actes extérieurs de ces mêmes volontés : ces deux sociétés ont donc un objet commun, la conservation de l'homme social ; et elles le remplissent de concert, puisque l'une, en réprimant ses volontés, empêche les actes extérieurs, et que l'autre, en réprimant les actes extérieurs, rend les volontés impuissantes.

Mais ces deux sociétés sont rendues extérieures et visibles, l'une par la religion publique, l'autre par la forme de gouvernement. L'identité d'objet se manifestera donc au-dehors par une identité d'effets. Si la religion est impuissante à réprimer les volontés ou l'homme moral, le gouvernement sera hors d'état d'empêcher les actes extérieurs ou l'homme physique, à mesure que le gouvernement sera plus faible, la religion deviendra moins réprimante ; le gouvernement ne pourra chanceler sans que la religion ne soit ébranlée, ni la religion être attaquée, sans que le gouvernement ne s'affaiblisse. L'homme, dans son existence fugitive, n'apercevra pas toujours l'altération simultanée de ces deux freins nécessaires des passions humaines ; mais la société, qui ne meurt pas, en ressentira infailliblement les effets, et verra s'affaiblir, s'altérer, se détruire, s'anéantir ensemble le culte publie et le gouvernement, la religion et la constitution : vérité frappante, sur laquelle j'appelle l'attention de l'homme sans préjugés, qui, ne renfermant pas tous les temps dans un instant, ni toutes les sociétés dans un point, porte à la fois ses regards sur tous les temps et sur toutes les sociétés.

Il remarquera l'unité de Dieu et l'unité de pouvoir général se détruire à la fois dans la société ; la multiplication des dieux suivre de près la multiplication des pouvoirs, ou la division du pouvoir général ; l'oppression religieuse et l'oppression politique peser ensemble sur la société ; le pouvoir s'anéantir, et bientôt le sentiment même de l'existence de l'Être suprême s'effacer de l'esprit de l'homme étonné de ces rapports, il se dira à lui-même que le père des hommes et des sociétés, attentif à conserver, dans la société comme dans l'homme, non seulement le sentiment de son existence, mais encore la croyance de son unité et la connaissance de ses perfections, a donné à la société la constitution politique la plus propre à maintenir au milieu d'elle la foi de ces vérités essentielles à son existence et a sa prospérité, comme il a donné à l'homme la religion la plus propre à conserver dans son âme la connaissance de ces vérités essentielles à sa conservation et à son bonheur : vérités immuables, éternelles, mais qui s'effacent de la société, comme de l'esprit et du cœur de l'homme, lorsque la société s'écarte de ses lois constitutives, et l'homme de ses lois religieuses et morales.

Les méchants, ou ceux qui transgressent les lois religieuses et morales, portent le trouble dans la réunion des hommes, ou dans la société politique ; les sociétés non constituées, celles qui s'écartent des lois fondamentales de leur existence, portent le trouble dans la réunion des sociétés, ou l'univers ; car il y aurait une paix inaltérable dans la société, si tous les hommes voulaient obéir aux lois religieuses et morales, et dans l'univers, si toutes les sociétés voulaient se conformer aux lois fondamentales de leur existence.

Le caractère d'inquiétude particulier au méchant, et le principe d'agitation intestine, caractère des sociétés non constituées, sont la cause ou l'occasion de tous les troubles qui affligent la société et l'univers. Le spectacle qu'offre la société prouve la première partie de cette proposition : l'histoire établirait la seconde avec la même évidence.

La guerre naquit donc avec la société, parce que les passions naissent avec l'homme. Avec la guerre commença le despotisme, qui n'est pas le pouvoir général de la société, mais le pouvoir particulier d'un seul homme ; avec le despotisme commença l'oppression. Ceci est conforme aux plus anciens monuments...

La société civile n'a commencé, dans l'univers, qu'avec l'établissement du culte public de la religion chrétienne ; et la France est revenue à l'état sauvage, lorsqu'il y a été aboli. Ainsi pour montrer, sous un seul point de vue et dans les destinées d'une même société, la marche simultanée de la religion et du gouvernement, la constitution politique est altérée en France, depuis un siècle, par des volontés particulières mises trop souvent à la place de la volonté générale : la religion est attaquée, depuis le même temps, par l'orgueil et l'impiété : le gouvernement et la religion vont s'affaiblissant de concert ; bientôt la division du pouvoir entraîne la division du culte, et l'abolition de tout culte public suit de près l'anéantissement de tout pouvoir général. Alors l'existence de Dieu même est hautement attaquée, et l'on voit l'athéisme le plus effronté naître de la démocratie la plus illimitée : mais les peuples ne peuvent exister sans divinité, ni les sociétés sans pouvoir : les sens se créent des dieux, l'ambition érige un *pouvoir*. Des courtisanes sont les divinités, des bourreaux sont le *pouvoir*, et l'idolâtrie la plus impure s'élève à côté du despotisme le plus féroce ; mais la religion reparaît, et elle tend la main à la monarchie qui se relève.

Le culte le plus compliqué, le polythéisme, a commencé dans l'univers avec le gouvernement le plus simple, le despotisme ; et, de nos jours, l'absence de tout culte, le théisme ou l'athéisme, commence en Europe, avec le gouvernement le plus compliqué, la division et l'équilibre des pouvoirs, ou le gouvernement *représentatif.*

Ainsi, et ce principe, hardi peut-être, se développera dans le cours de cet ouvrage, le principe de la monarchie est un principe d'unité, d'existence, de perfectionnement politique et religieux ; et le principe des sociétés non constituées est un principe de division, de mort, de néant politique et religieux. je ne dis pas que dans toutes les monarchies on ait connu l'unité de Dieu, encore moins que l'athéisme soit la religion de toutes les républiques : je dis seulement qu'à considérer en général, et comme l'on doit considérer les vérités sociales, tous les temps et toutes les sociétés, l'observateur peut apercevoir les rapports frappants et les progrès simultanés de certaines opinions politiques et de certaines opinions religieuses.

6. Monarchie

C'est chez l'antique Égyptien que commence la constitution des sociétés, ou la constitution monarchique ; il est aussi le premier à en recueillir les fruits, et le peuple le plus sage est en même temps le peuple le plus éclairé et le plus heureux.

Reprenons les lois fondamentales des sociétés civiles ; religion publique, pouvoir unique, distinctions sociales ; et nous verrons les lois religieuses dans la société religieuse, les lois politiques dans la société politique, découler des lois fondamentales de chaque société comme des conséquences *nécessaires* et devenir fondamentales elles-mêmes.

La société religieuse ne pouvait être constituée chez un peuple qui ne connaissait pas l'unité de Dieu, mais la *force* de la constitution politique avait, en Égypte, constitué le culte publie, l'avait lié au gouvernement autant que l'absurdité du polythéisme avait pu le permettre...

La première loi fondamentale de la société politique était l'unité de pouvoir social, ou le pouvoir général de la société dont un homme appelé monarque était revêtu.

La volonté générale, conservatrice de la société, exigeait que la succession du pouvoir ne fût pas interrompue, même un seul instant, ou que le monarque fût perpétuel. Or le monarque ne pouvait être rendu perpétuel que par la transmission héréditaire du pouvoir dans une famille.

Nécessité de la succession héréditaire du pouvoir, première loi politique conséquence nécessaire de la loi fondamentale du pouvoir social, et fondamentale elle-même ; loi sacrée qu'aucune nation n'a impunément méconnue, et la Pologne en est depuis longtemps un triste exemple.

Les petites craintes, les petites prévoyances de l'homme disparurent devant les sublimes conceptions de la nature. Elle se réserva le soin de produire des grands hommes lorsqu'ils seraient nécessaires à la conservation de la société ; et elle lui laissa le soin de former de bons rois, parce qu'une société constituée n'a que rarement besoin de grands hommes, qu'elle peut, par l'éducation, former de bons rois, comme elle forme des hommes utiles dans les autres professions, et qu'enfin le monarque ne conserve pas la société par son action, mais par sa seule existence : semblable à la clef d'une voûte, qui n'en soutient pas les différentes parties par son effort, mais qui les maintient à leur place par sa position.

Avancer, avec les modernes législateurs, qu'un peuple peut attenter à la loi fondamentale du pouvoir unique, ou à la loi non moins fondamentale de la succession héréditaire du pouvoir, c'est avancer que la volonté particulière de quelques hommes a le droit de s'opposer à la volonté générale de la société, et que la société peut vouloir se détruire elle-même, lorsque la nature veut qu'elle existe : et qu'on n'oublie pas de remarquer que ce suicide social a pour défenseurs les partisans du suicide naturel.

Volonté générale ou sociale, pouvoir général ou social, force générale ou sociale, conditions sans lesquelles une société ne peut exister ou se conserver.

La volonté générale, conservatrice de la société, se manifeste par un pouvoir général conservateur ; car une volonté sans pouvoir n'est pas une volonté ; le pouvoir général conservateur agit par une force générale conservatrice, car un pouvoir sans force n'est pas un pouvoir.

La volonté générale qu'un être a de parvenir à sa fin est perpétuelle, son pouvoir d'y parvenir doit être perpétuel, sa force d'y parvenir doit être perpétuelle aussi ; car le pouvoir ne peut pas plus exister sans force, que l'être ne peut exister sans la volonté de parvenir à sa fin.

Louis de Bonald

Force est action ; action suppose des agents ou ministres. Donc les agents ou ministres de la *force* publique, générale ou sociale (car ces expressions sont synonymes), de la société politique, seront perpétuels ; donc le ministère de la force publique sera héréditaire : hérédité du ministère de la force publique sociale, conservatrice de la société politique ; loi politique, conséquence nécessaire des lois fondamentales du *pouvoir* unique et des distinctions sociales, et fondamentale elle-même.

Il y eut donc en Égypte des familles militaires, comme il y avait des familles sacertotales et une famille royale.

Remarquez toujours l'accord parfait de cette loi avec le principe élémentaire de la société politique, qui n'est composée que de familles, et qui ne considère que la famille et jamais l'individu.

La *force* publique de la société, pour être essentiellement conservatrice de la société, devait être essentiellement indépendante de la volonté particulière de tout homme de la société ; car la *volonté* particulière de tout homme est nécessairement dépravée et destructive, et une *force* nécessairement conservatrice, puisqu'elle est l'action d'un *pouvoir* nécessairement conservateur, ne pouvait obéir à une volonté nécessairement destructive.

Le ministère de la force publique de la société politique, rendu perpétuel par la transmission héréditaire, fut indépendant de toute volonté humaine, puisqu'il fut un caractère qu'aucune volonté humaine ne put effacer ; puisqu'il se communiqua indépendamment de toute volonté humaine ; puisqu'en même temps et par les mêmes voies par lesquelles l'homme communiqua l'existence naturelle, il communiqua l'existence sociale, c'est-à-dire le droit, ou, pour mieux dire, le devoir d'être ministre de la force publique, conservatrice de la société politique, et qu'ainsi il donna naissance à une famille sociale et à une famille naturelle à la fois. Dieu même ne pourrait effacer dans l'individu ce caractère qu'il tient de sa naissance, et il ne peut pas faire que l'homme ne naisse avec le devoir de remplir les fonctions confiées à sa famille, parce qu'il ne peut pas faire que le fils ne naisse pas de son père.

On [voit] dans la perpétuité des fonctions sacerdotales, l'origine du ministère lévitique chez les Juifs et du sacerdoce chez les chrétiens ; on peut voir, dans l'hérédité des fonctions militaires sociales, l'origine et le motif de la noblesse dans les sociétés politiques.

Le sacerdoce et la noblesse ne sont donc des distinctions, que parce qu'elles sont des professions distinguées des autres par leur nécessité pour la conservation de la société. L'individu, membre de la profession sacerdotale ou noble, n'est *distingué* des autres individus que parce qu'il appartient à une famille sociale, c'est-à-dire à une famille vouée *spécialement* et sans retour à la conservation de la société, et qui ne peut, sans encourir le blâme ou l'animadversion de la société, se soustraire à ses engagements envers la société. Cette famille ne peut donc plus disposer d'elle-même ; elle est donc esclave de la société ; elle n'est donc *distinguée* des autres familles, qu'en ce qu'elle n'a pas la liberté qu'elles ont d'embrasser une autre profession que celle à laquelle sa naissance la destine. Chez les peuples qui n'ont point eu de noblesse, la société n'a point rempli la fin de toute société, qui est la conservation de l'homme ; c'est-à-dire que des peuples qui n'ont point en de familles sociales ou de noblesse, n'ont point forme de société, et qu'ils n'ont pas laissé après eux ces monuments qui attestent l'existence impérissable d'une société.

7. République

Dans la république, la société n'est plus un corps général, mais une réunion d'individus : comme la volonté générale n'est plus qu'une somme de volontés particulières, la conservation générale, qui est son objet, n'est plus que le bonheur individuel ; et l'on voit en effet le bien-être physique de l'homme compenser quelquefois dans les républiques sa dégradation morale, et le sacrifice de sa liberté sociale : tout s'y *individualise,* tout s'y rétrécit et s'y concentre dans la vie présente ; le présent est tout pour elles ; elles n'ont pas d'avenir. Tout ce qui est éternel dans la religion, tout ce qui est permanent dans la société y est à la fois détruit ou méconnu : on nie l'éternité des peines et des récompenses, la vie future, l'existence même de Dieu ; et dans le même temps la peine de mort, ce premier moyen de conservation dans la société, se change en une pleine temporaire, les distinctions héréditaires en fonctions amovibles, la propriété foncière en revenus viagers ; l'homme devient une plante ou un animal, et Dieu même n'est que l'assemblage des êtres. J'observe les progrès successifs de ces opinions désolantes ; et en rapprochant non pas les années, mais les siècles, non pas une ou deux sociétés, mais toutes les sociétés, je remarque avec effroi la marche combinée de l'athéisme, du matérialisme et du républicanisme.

... Toutes ces volontés particulières ne pouvaient s'exercer ensemble, et la jalousie de ces petites âmes, qui dans un roi ne voyaient qu'un homme, ne souffrait pas qu'un seul exerçât la volonté générale. On convint que le plus grand nombre des volontés l'emporterait sur le plus petit, et par cela même on regardait ces volontés comme individuelles, puisqu'on était obligé de les compter. Cette disposition était évidemment tirée de ce principe : qu'à égalité *de* pouvoir, la force est *du* côté du nombre. Effectivement, cette société sans volonté générale n'était au fond qu'une société dans l'état sauvage, où la force pouvait à tout instant tenir lieu de raison. Cependant, pour déguiser autant qu'il était possible ce que ces luttes de volontés pouvaient avoir de scandaleux, et toutes ces fictions d'invraisemblable, on imagina les formes mystérieuses du scrutin, et ce ne fut qu'en cachant soigneusement sa volonté qu'on put la manifester. Invention digne de son objet, à l'abri de laquelle on put impunément couronner l'intrigue et écarter la vertu, et qui ôtait à l'injustice et à l'envie jusqu'à embarras de la pudeur !

Mais, s'il n'y eut pas dans la république de volonté générale, il ne put y avoir de pouvoir général, qui n'est que l'exercice de la volonté générale. Ainsi, dès que les volontés furent individuelles, le pouvoir fut individuel aussi, ou tendit à le devenir. Si ces volontés particulières pouvaient se manifester en commun, tous ces pouvoirs individuels ne pouvaient s'exercer ensemble. On fit pour le pouvoir ce qu'on avait fait pour les volontés, mais avec cette différence que le *plus* grand nombre faisait prévaloir sa volonté sur celle du petit nombre, dans les assemblées populaires, et que, dans l'administration, ce fut le plus petit nombre qui exerça son pouvoir au nom du pouvoir de tous ; car, même en s'en écartant, on rendait hommage au principe fondamental de l'unité de pouvoir.

On sépara donc les volontés des pouvoirs ; et cette séparation, contre nature, fut cause de tous les désordres : car qu'est-ce que la volonté, sans le pouvoir d'en faire usage ? et le pouvoir est-il autre chose que l'exercice de la volonté ?

Puisque chacun avait le droit de manifester sa volonté, il était dans la nature de l'homme qu'il voulût en faire usage et exercer son pouvoir. Il se forma des brigues dans les assemblées, pour faire prévaloir sa volonté particulière ; il s'éleva des factions dans l'État, pour être admis à exercer son pouvoir particulier.

Tant de volontés se contrariaient, tant de pouvoirs se heurtaient : on voulut limiter le nombre de ces volontés et de ces pouvoirs. Par une nouvelle fiction, car on s'enfonçait toujours plus avant dans le pays sans bornes des illusions, on supposa qu'il n'y avait qu'un certain nombre de citoyens qui eussent le droit de manifester leur volonté dans les assemblées, et un nombre encore plus petit qui eût le droit d'exercer son pouvoir par l'administration. Le gouvernement devint aristocratique : il n'y eut plus alors, dans cette société, même l'apparence d'une volonté générale.

Pour base à une distinction aussi injurieuse, on imagina je ne sais quelle quotité de propriété, qui donnait au propriétaire le droit de manifester sa volonté à la place de celle des autres, et une quotité plus forte qui lui donnait le droit d'exercer son pouvoir et celui des autres : on confondait ce qui est distinct de sa nature, l'homme et la propriété, l'esprit et la matière ; et par une fiction plus étrange que toutes celles dont nous avons parlé, ce n'était plus à l'homme, mais à sa terre, à son argent, à ses bestiaux, à ses moissons, qu'on donnait le droit de vouloir, de pouvoir ; et cette faculté qu'on refusait à l'être intelligent, on la plaçait dans des êtres qui n'avaient pas même la faculté de connaître.

Alors parurent pour la première fois dans le vocabulaire des sociétés, les mots de liberté et d'égalité, dont on ne parle jamais que chez un peuple où il n'existe ni l'une ni l'autre. Ceux qui eurent pour eux et pour les autres le droit de pouvoir et de vouloir, eurent toute la liberté dont l'homme pouvait jouir : et le reste, constitué par la médiocrité de sa fortune dans une nullité morale et physique de volonté et de pouvoir, réclama l'égalité à laquelle tous les hommes peuvent prétendre.

Une distinction aussi contraire à la nature de l'homme fut le principe de tous les maux ; la nature de l'homme voulait qu'il cherchât à manifester sa volonté et surtout à exercer son pouvoir.

Louis de Bonald

Le pouvoir tendit donc à revenir à chacun : et comme on imagina différents moyens pour empêcher cette division, ou la contenir dans certaines bornes, il en résulta différents modes de gouvernement républicain. Une fois le pouvoir parvenu au terme extrême de sa division, c'est-à-dire lorsque tous eurent acquis le droit d'exercer leur propre volonté par leur propre pouvoir, la société revint à l'état primitif de société sauvage ; et sous une forme extérieure de gouvernement, elle ne fut plus qu'une réunion d'hommes attachés au même sol, divisés de volontés, et cherchant à les faire prévaloir par leurs forces particulières.

Puisqu'il n'y avait pas de volonté générale dans les républiques, il n'y eut pas de pouvoir général qui est l'exercice de la volonté générale, ni de profession militaire distinguée ou de force publique qui est l'action du pouvoir général. Il n'y eut donc pas de professions sociales, au moins politiques, séparées des autres professions, point de *distinctions* héréditaires, nulle fixité dans les personnes. Aussi l'oppression générale, ou l'emploi immodéré des hommes par la guerre, y fut au plus haut degré. Et qu'on ne dise pas qu'un amour exalté de la patrie était le mobile de ce généreux dévouement, car l'amour de sa patrie oblige à la défendre, et non à attaquer celle des autres. J'ajouterai : quel genre plus monstrueux d'oppression que celui qu'exerce un gouvernement qui donne des passions à ses sujets pour pouvoir assouvir les siennes ?

Comme il n'y eut pas dans les républiques de distinctions sociales permanentes, on vit reparaître les inégalités naturelles, et l'on y remarqua de grands esprits et de grands courages, parce que les inégalités naturelles sont l'esprit et la force du corps.

Dans les aristocraties, il n'y eut jamais de véritable démocratie, où une partie plus ou moins nombreuse de citoyens était exclue des assemblées politiques et des emplois publics. On chercha à distraire leur attention, et à faire oublier à l'homme naturel l'oppression exercée sur l'homme politique ; on multiplia les distributions et les spectacles, *panem et circenses*. Le peuple se crut riche, parce qu'on lui distribua du blé ; heureux, parce qu'on lui donna des spectacles ; libre, parce qu'il eut des esclaves. J'attribuerai volontiers à cette raison l'introduction de l'esclavage dans les républiques anciennes ; et s'il n'eut pas ce motif, il eut du moins cet effet.

Le caractère de la monarchie était : dépendance égale de tous les citoyens de la volonté générale ; indépendance égale de tous les citoyens de toutes les volontés particulières.

Le caractère de la république fut : nulle dépendance de la volonté générale, puisqu'il n'y eut point de volonté générale ; assujettissement à des volontés particulières, puisque les lois ne furent que l'expression de volontés particulières ; inégalité d'assujettissement à ces mêmes lois, puisqu'elles permirent aux uns de manifester leur volonté, ou d'exercer leur *pouvoir,* et l'interdirent aux autres. Or il ne peut exister ni liberté ni égalité sociales, là ou le citoyen est assujetti à des volontés particulières, et où tous les citoyens ne sont pas également assujettis aux mêmes volontés. Il n'y eut donc ni volonté ni égalité dans les républiques.

Livre II : Sociétés constituées

8. Lois et mœurs des sociétés politiques

La *volonté* générale se manifeste, et le pouvoir général agit par des lois qui doivent être l'expression de la *volonté* générale.

Les lois sont écrites ou non écrites. Les premières s'appellent particulièrement lois ; les secondes, coutumes, mœurs, habitudes. Les coutumes sont les habitudes d'une nation : les habitudes sont les coutumes de l'individu : les mœurs sont ou des coutumes ou des habitudes, selon qu'il s'agit d'une nation ou d'un individu.

Une société constituée est celle qui parvient à sa fin ; une société non constituée est celle qui ne parvient pas à sa fin. Donc les lois et les mœurs seront plus parfaites à mesure qu'une société sera plus constituée. Donc les lois et les mœurs seront moins parfaites, à mesure que la société sera moins constituée.

Dans la société politique non constituée, qui n'est pas une véritable société politique, il n'y a point d'hommes sociaux, il n'y a point de mœurs publiques on sociales ; et parce qu'il n'y a que *des* mœurs privées, la société non constituée périt par la corruption des mœurs privées. Dans la société politique constituée, qui est la véritable société politique, il y a des hommes sociaux, il y a des mœurs publiques ou sociales ; aussi la société constituée ne peut éprouver de révolution que par la dépravation des mœurs publiques.

Dans une société non constituée, dans laquelle les lois sont non *nécessaires ou* contraires à la nature des êtres, les mœurs privées peuvent être bonnes, ou conformes à la nature des êtres. Dans une société constituée, les mœurs privées peuvent être mauvaises, et les mœurs publiques être bonnes.

Ainsi, une société dans laquelle le divorce et l'exposition *des* enfants seraient permis, aurait des lois défectueuses ou contraires à la nature des êtres ; mais si l'homme ne faisait jamais usage *de* ces lois, les mœurs privées seraient bonnes. L'imperfection des lois peut et doit entraîner la corruption des mœurs privées, parce qu'il est dans la nature de l'homme qu'il fasse ce que sa passion lui inspire, et que la loi lui permet.

Si les individus d'une nation étaient adonnés au libertinage, ou livrés à la fureur d'un jeu ruineux, les mœurs privées seraient mauvaises ; mais, s'il y avait de la gravité dans le sacerdoce, de l'honneur dans le militaire, de la probité dans les juges, de la bonne foi dans le commerçant, les mœurs publiques seraient bonnes. Il est à craindre que la corruption des mœurs privées n'entraîne la dépravation des mœurs publiques, parce que les passions, dans l'homme qui leur cède, ne tardent pas à l'emporter sur les devoirs.

Ainsi, dans une société non constituée, les mœurs de l'homme doivent lutter sans cesse contre la loi, ce qui est contre la nature des choses. Et dans la société constituée, la loi doit sans cesse lutter contre les mœurs de l'homme, ce qui est dans la nature.

La société constituée protège la faiblesse : la société non constituée l'opprime.

La preuve en est dans l'histoire des sociétés égyptienne, grecque, romaine et germaine, seules sociétés de l'antiquité que l'on doive considérer, parce qu'elles comprennent tous les genres, toutes les espèces, tous les états des sociétés ; qu'elles renferment les éléments de toutes les combinaisons des sociétés, et que nos sociétés politiques modernes n'en sont que le développement plus ou moins étendu.

La faiblesse de l'homme est celle de l'âge, du sexe, de la condition ;

du vieillard ou de l'enfant, de la femme, de l'esclave.

Chez les Égyptiens, la vieillesse était honorée, puisque leur principale vertu était la reconnaissance ; la vieillesse était honorée par les Grecs, *chez lesquels il était doux de vieillir*, et qui, ayant retenu les institutions de l'Égypte sur l'éducation, avaient conservé la loi sur le respect dû aux vieillards, qui s'y rapporte. La vieillesse était honorée chez les Romains : mais à mesure que la société s'éloigna davantage de la constitution et que les institutions démocratiques prirent le dessus, les mœurs s'altérèrent, l'intérêt prit la place du sentiment ; un vieillard riche et sans enfants était accablé de soins et de flatteries par une foule d'intrigants avides qui avaient fait de l'art de succéder une théorie savante et profonde, une profession publique et reconnue : comme sous les empereurs la même espèce d'hommes fit une profession publique, un métier avoué et lucratif du rôle infâme de délateur. Chez les Germains, la vieillesse était honorée ; elle l'était davantage, à mesure que le vieillard était entouré d'une plus nombreuse postérité. Chez ce peuple vertueux, ce n'était pas, comme à Rome, un avantage pour le vieillard d'être sans enfants.

L'enfance n'était pas également respectée par tous ces peuples.

Les Égyptiens ne redoutaient pas, pour leur société, l'excessive population : l'agriculture la plus perfectionnée qui fut jamais, le sol le plus fertile, le climat le plus productif et le moins exigeant, suffisaient aux besoins d'une population qui paraît fabuleuse. Mais comme les hommes se multiplient et que la terre ne s'étend pas, toute société doit, sous peine de périr elle-même et de faire périr les sociétés voisines, avoir des moyens coupables ou légitimes, doux ou violents, de consommer ou de prévenir un excédent de population. L'Égypte consomma donc ses hommes par ses travaux incroyables dont les monuments existent encore, et par ses colonies nombreuses que les savants retrouvent en Asie et peut-être en Amérique. Ainsi, quand l'Europe civilisée a été surchargée d'habitants, la nature lui a montré en Amérique de nouvelles terres à cultiver, et peut-être des peuples à punir. La France, qui plus qu'un autre État de l'Europe peut avoir un excédent de population à dépenser, avait dans le partage du vaste continent de l'Amérique un lot marqué par la nature ; elle le perd, et bientôt la révolution la plus meurtrière vient consommer jusqu'à sa population la plus précieuse ; et l'Angleterre, qui s'applaudit de lui enlever le Canada, ne voit pas la faute énorme qu'elle commet en ôtant à ce fleuve immense un épanchement nécessaire. Ce lot que la France a perdu en Amérique, elle le recouvrera en Europe ; et les guerres les plus sanglantes, et peut-être les plus inquiétantes pour l'Angleterre, seront la suite du traité de 1763, qui, malgré la nature, a resserré une énorme population dans un espace qui ne peut la contenir.

... On a vu chez des peuples policés des lois cruelles, et des mœurs aussi cruelles que les lois : on en [voit] le motif ; mais on n'en voit pas le principe. *Quand l'enfant n'est pas un être sacré aux yeux de la religion, il est bientôt un être vil et nuisible aux yeux de la politique. Si* les Romains, qui faisaient aux pères une loi de *ne pas tuer* leurs enfants mâles ni les aînées de leurs filles, qui leur permettaient de faire périr les filles cadettes et les enfants mal conformés, qui portaient l'humanité jusqu'à défendre de *tuer* un enfant qu'il n'eût atteint l'âge de trois ans, avaient selon Montesquieu, une *assez bonite* police sur l'exposition des enfants : il faut convenir qu'elle n'était pas *mauvaise* chez les Germains, qui proscrivaient sévèrement toutes ces horreurs. Si les lois grecques et romaines sur l'exposition des enfants sont dans la nature de la société, la société n'est pas dans la nature de l'homme : si la société est dans la nature de l'homme, les mœurs germaines sont dans la nature de la société. Ces propositions sont évidentes.

C'est par l'état social des femmes qu'on peut toujours déterminer la nature des institutions politiques d'une société.

La faiblesse du sexe était opprimée en Grèce par la religion qui consacrait la prostitution, elle était opprimée par la loi qui permettait le divorce ; car le divorce est oppression pour le sexe le plus faible, même lorsqu'il le provoque.

À Rome, la religion protégeait la faiblesse du sexe par les prérogatives qu'elle accordait à la chasteté et à la fidélité conjugale. La loi l'opprimait par le divorce ; les mœurs privées, tant qu'elles furent bonnes, furent naturellement d'intelligence avec la religion contre la loi : et par le respect pour les auspices qui consacraient l'union des époux, pendant cinq cent vingt ans, personne n'usa du divorce jusqu'à Carvilius Ruga, sénateur, qui répudia sa femme pour cause de stérilité. Trois auteurs anciens qui ont écrit sur l'histoire romaine rapportent ce fait : ils en font honneur à la pureté des mœurs des premiers Romains ; ils ajoutent que Carvilius en devint odieux au peuple ; et Montesquieu s'échauffe à prouver que ce fait n'est pas vraisemblable, qu'il n'était pas possible que personne n'eut usé du divorce dans un aussi long espace de temps : et comme il assure que lé divorce *a ordinairement une très grande utilité politique, il* est naturel qu'il veuille en multiplier les exemples. Mais lorsque la loi eut corrompu les mœurs, et que la corruption des mœurs eut affaibli le frein déjà si faible de la religion païenne, alors *la loi* du divorce produisit l'effet qu'elle doit produire dans toute société qui *n'est pas contenue par l'exemple d'une* autre société. Il devint une véritable polygamie la licence opprima la femme libre comme la femme esclave ; le désordre et le mépris pour cette partie intéressante de l'humanité furent poussés à un excès, dont nous ne pourrions nous former une idée, si les auteurs satiriques du temps n'avaient pris soin de nous en laisser une peinture trop fidèle.

Nous [voyons] en Égypte les maris soumis à leurs femmes par la force de la religion et des mœurs ; chez les Germains, les femmes regardées comme des êtres au-dessus de l'humanité par la force de l'opinion ; nous retrouvons dans nos monarchies modernes la même opinion et les mêmes mœurs : et c'est la preuve la plus forte de l'identité des principes constitutifs des sociétés égyptienne, germaine, et des sociétés monarchiques modernes.

La faiblesse de la condition ou celle de l'esclave n'était pas plus protégée chez les Grecs et les Romains, ni plus opprimée chez l'égyptien et le Germain que la faiblesse de l'âge ou celle du sexe.

Les Égyptiens n'eurent des esclaves que lorsque leur constitution se fut altérée : encore les Hébreux n'étaient-ils esclaves que de l'État ; et si la servitude est plus dure, elle est moins avilissante. Tant que la constitution fut en vigueur, l'État ne pouvait avoir d'esclaves, puisqu'il n'avait jamais la guerre ; ni le particulier, car à quoi les aurait-il employés, puisque l'agriculture était chez l'Égyptien l'occupation la plus honorable ?

En Grèce, les esclaves étaient de véritables bêtes de somme ; les Lacédémoniens étaient nourris par les Ilotes, les Crétois par les Périeciens, les Thessaliens par les Pénestes. L'outrage de l'esclavage personnel était ajouté à la dureté de l'esclavage réel. « Ils étaient soumis à tous les travaux hors de la maison, et à toutes sortes d'insultes dans la maison. Ils ne pouvaient avoir aucune justice ni contre les insultes, ni contre les injures. L'excès de leur malheur était tel, qu'ils n'étaient pas seulement esclaves d'un citoyen, mais encore du publie ; ils appartenaient à tous et à un seul » (Esprit *des* lois). Mais ce n'était rien encore au prix de la loi épouvantable du Cryptia ou de l'Embuscade, qui, regardant le malheureux Ilote comme un ennemi domestique, faisait de l'assassinat de l'esclave un exercice pour le jeune citoyen, et opprimait ainsi jusqu'à la servitude même.

Tant que les principes monarchiques se conservèrent à Rome sous des formes aristocratiques, les mœurs romaines furent bonnes et l'esclave fut heureux. Mais lorsqu'il n'y eut plus de pouvoir dans cette société, et que toutes les passions furent déchaînées, l'esclave devint redoutable, parce qu'il avait aussi ses passions, et que la passion de dominer était exaltée par la servitude même. Il fallut suppléer au frein du pouvoir par des lois humaines, et elles furent atroces, insensées, absurdes, comme le législateur. je ne connais de lois qui ressemblent à celles-là que les lois révolutionnaires.

Chez les Germains, peuple *barbare,* « l'esclave n'a point d'office dans la maison, parce que les travaux domestiques sont faits par les femmes et les enfants ». Chaque esclave a sa maison et sa famille. Il paie au maître une certaine quantité de blé, de bétail ou d'étoffe : l'objet de son esclavage ne va pas plus loin. Rarement le maître punit-il son esclave par des coups, par la prison ou par une certaine tâche.

Ces hommes, que les Romains appelaient esclaves, servi, parce qu'ils n'avaient aucune expression pour désigner cette espèce d'engagement qu'ils ne connaissaient pas, n'étaient précisément que des colons partiaires. Ces esclaves, qui cultivaient pour eux-mêmes la propriété de leur maître, et qui combattaient avec lui pour défendre leur propriété commune, sont devenus en Europe les paysans, lorsque la réunion de la religion chrétienne à la société politique, pour former la société civile, a rendu ce développement *nécessaire.* Des terres, que l'esclave travaillait en payant une redevance à son maître, le vassal les a travaillées en payant une redevance à son seigneur. Lors de l'introduction des Germains dans les Gaules, la propriété donnée par le pouvoir de la société, à titre de bénéfice ou viagèrement, aux chefs particuliers ; distribuée par ceux-ci, sous les mêmes conditions, aux soldats qu'ils avaient amenés de Germanie, ou aux Gaulois qui s'étaient rangés sous leurs drapeaux pour échapper à la tyrannie des Romains ; cette propriété, dis-le, est devenue fixe et héréditaire sur la tête des chefs et sur celle des soldats. Les uns comme les autres ont été comme attachés à la glèbe, c'est-à-dire investis d'une propriété déterminée, inamovible, qu'ils possédaient, à la charge d'un service militaire envers l'État. Telle est l'origine de la féodalité, dont l'ignorance ou le faux savoir ont tourmenté l'histoire de cent manières différentes.

La nature, par cette institution sublime, trouva le secret de doubler, sans étendre le sol, la propriété foncière, la seule que la société doive connaître ; et elle en proportionna l'espèce à la fonction de chacun dans la société. Au noble, qu'elle appelait à défendre la société, et qui devait être toujours prêt à remplir cette destination, elle donna une propriété sans travail qui pût le retenir : au peuple, dont il fallait contenir les passions, elle donna une propriété avec travail qui pût l'occuper. À l'un, elle attribua certains honneurs qui pussent marquer l'utilité de ses fonctions dans l'ordre social ; elle obligea l'autre à certains devoirs qui l'accoutumassent à respecter celui auquel il devait obéir ; et, pour en donner un seul exemple, le droit de chasse, utile., au noble qu'elle aguerrit, funeste au paysan qu'elle distrait, fut, par la loi, réservé à l'un, et ôté à l'autre.

Je sais que les passions de l'homme se mêlèrent plus d'une fois aux sages dispositions de la nature : la nature se sert de l'homme pour exécuter ses volontés ; mais l'homme est un instrument imparfait, et la nature est obligée de retoucher son ouvrage. Il en résulta quelquefois des coutumes bizarres, oppressives ou immorales, parce que les passions n'eurent point de frein lorsque la société fut assujettie à une foule de pouvoirs : mais peu à peu tout rentra dans l'ordre ; le pouvoir général, au moins en France, s'éleva sur les débris des pouvoirs particuliers ; la religion et les lois firent disparaître tout ce que là barbarie et les passions avaient surajouté à l'ouvrage de la nature. La philosophie est venue, et elle a détruit l'ouvrage même ; absurde et immorale, elle a changé la propriété foncière du noble en capitaux, et le défenseur de l'État en un vil agioteur, La nature avait trouvé le secret de doubler la propriété foncière sans étendre le sol ; la philosophie trouve le moyen de diminuer la propriété foncière sans diminuer le sol ; elle conquiert sur la société la moitié de sa propriété, sans lui enlever son territoire ; mais cette conquête a des effets plus funestes, elle ôte au peuple toute idée de dépendance, de respect et de considération : elle fait plus, elle lui ôte toute notion de morale, de justice et de droit de propriété. Le contrat d'inféodation, ce contrat si légitime, dès qu'il est réglé par les lois, puisqu'il est le prix d'une chose cédée ; si *nécessaire, puis*qu'il appelle à la propriété, sans expoliation et sans conquête, la partie pauvre d'une nation ; ce contrat, passé sous la garantie des lois les plus solennelles, qui a peuplé, et qui tous les jours encore peuplait de familles propriétaires les contrées les plus stériles de la France ; ce contrat, dont la nature sollicitait l'extension, comme le développement *nécessaire* d'un rapport qui dérive de la nature d'une grande société, de la nature des fonctions sociales, et en plusieurs endroits, de la nature même du sol ; ce contrat a été regarde, par la philosophie, comme une oppression ; le propriétaire bienfaisant qui l'avait consenti, comme un tyran ; le pauvre qui l'avait accepté avec reconnaissance, comme un esclave : et comme on ne s'arrête pas dans les voies glissantes de l'iniquité, ces propriétés, dont un premier décret avait permis le rachat, un décret postérieur en a prononcé l'anéantissement ; de peur qu'il n'en restât quelque trace, un autre a ordonné l'incendie des monuments qui les constataient ; bientôt, plus vorace que le temps, plus destructive que la guerre, la philosophie a commandé la démolition de ces antiques asiles d'une pauvreté honorable ou d'une richesse bienfaisante ; il ne manquait plus que d'ordonner le massacre de ces propriétaires coupables d'avoir succédé à leurs pères ou d'avoir eux-mêmes appelé leurs vassaux à la propriété en leur distribuant des terres : ... et le massacre a été ordonné.

9. Lois politiques des monarchies modernes

Je vais réunir sous un même point de vue les nouveaux rapports entre la société et son pouvoir, ou les nouvelles lois politiques que la nature a successivement développées dans les sociétés fondées par les peuples germains. je prendrai la France pour exemple, parce qu'elle était, de toutes les sociétés, celle dans laquelle il s'était développé le plus de ces rapports, c'est-à-dire qui avait des lois politiques *plus nécessaires* et en plus grand nombre.

Les peuples francs avaient fixé dans une famille l'exercice du pouvoir général ; mais ils élisaient souvent, entre les individus de cette famille, celui qui devait l'exercer, en sorte qu'ils souffraient des inconvénients de l'élection, sans jouir des avantages de la succession héréditaire. C'était ainsi sous la première et quelquefois sous la seconde race des rois francs. Peu à peu, et sans qu'on puisse en assigner l'époque, la coutume s'établit d'appeler à la couronne l'aîné des mâles, à l'exclusion des collatéraux et des filles ; « coutume, dit Jérôme Bignon, plus forte que la loi même, cette loi ayant été gravée non dans du marbre ou du cuivre, mais dans le cœur des Français. »

... Je passe aux distinctions sociales : elles ont subi des développements qu'il importe de remarquer.

Le sacerdoce ne pouvait plus être une profession héréditaire sous une religion qui prescrivait le célibat à ses ministres ; mais, comme tout y était spirituel, la succession devint spirituelle : l'effet politique, c'est-à-dire l'effet de limiter le pouvoir par l'indépendance de la profession et l'inamovibilité de la personne, n'en acquit que plus de force ; mais, par la faute de l'homme qui met partout ses passions à la place de ses devoirs, cette force quelquefois devint excessive.

Les besoins de l'homme en société se multiplient, et les besoins réels créent les arts utiles, comme les arts superflus ou dangereux créent les besoins factices. La société ne devait pas laisser sans récompense les travaux importants, les découvertes utiles, les chefs-d'œuvre de l'imagination et du goût, l'étude approfondie des sciences, les talents de l'homme d'État, les vertus du citoyen : car, dans une société constituée, l'héroïsme des vertus et l'éclat des talents militaires ne devaient pas être les seuls honorés. Il était dans la nature des choses que la société payât tous les services qu'on lui rendait, et qu'elle proportionnât le salaire au service, la récompense au mérite, la reconnaissance au bienfait. Or tous les services rendus à la société, tous les bienfaits dont elle est l'objet, ont un effet aussi durable que la société même. La récompense ou le salaire devait donc durer autant que la société. Récompenser quelqu'un, est le *distinguer* des autres ; et la société ne connaît d'autres *distinctions*

Louis de Bonald

que les professions sociales *ou distinguées*. D'un autre côté, la société ne considère jamais l'homme, mais la famille ; elle récompense donc son bienfaiteur en récompensant sa famille, elle récompensa la famille en la *distinguant* : elle la *distingua* en l'agrégeant à une profession *distinguée*. Ainsi elle proportionna la récompense au bienfait relativement à la société, en la faisant durer autant que la société : et relativement au bienfaiteur, en la faisant durer autant que sa famille. Telle est l'origine de nos lettres d'anoblissement, manière d'agréger de nouvelles familles à la profession sociale ou à la noblesse, qui a précédé et qui a dû précéder celle par exercice de charges, dont je parlerai en son temps.

Cette loi politique est une conséquence *nécessaire* de la loi fondamentale des *distinctions* sociales, et le résultat inévitable des progrès de la société et de ses besoins.

La société politique ne pouvait agréger à la profession sacerdotale les familles qu'elle voulait *distinguer,* puisque cette profession, dans la religion chrétienne, n'était pas une profession de famille. Elle les agrégea donc à la profession sociale défensive de la société ; en sorte que, par une institution sublime, et qui n'a pu émaner que de la volonté générale de la société qui a la conservation de la société pour objet, la récompense la plus honorable, le salut le plus précieux dont la société pût payer un bienfait, fut d'admettre la famille du bienfaiteur au nombre de celles qui étaient plus particulièrement consacrées à la conservation de la société, et par leur naissance même dévouées à sa défense. Car, qu'on ne s'y trompe pas, la noblesse n'est une distinction qu'en ce qu'elle est un engagement particulier. Ainsi l'on n'est pas militaire parce qu'on est d'une famille noble ; mais on est noble parce qu'on est d'une famille militaire, quoique l'individu puisse exercer quelque autre profession également utile à la société et plus analogue à sa position. Le service militaire social *constitutionnel ou défensif* est donc la véritable destination, le premier motif de la noblesse : tout le lui rappelle, jusqu'à ses emblèmes ; tout le prouve, jusqu'à son expulsion de la France et de ses armées, que les factieux n'ont pas manqué de provoquer secrètement ou même d'ordonner, lorsqu'ils ont voulu détruire la société.

... En Égypte toutes les professions, et même les professions mécaniques, étaient héréditaires ; et l'on croit peut-être qu'il n'existe rien de semblable dans nos gouvernements modernes. Cependant nous avons emprunté cette loi des Égyptiens, on plutôt de la nature des sociétés, et nous l'avons adaptée aux circonstances particulières de notre existence sociale : je veux parler de l'établissement des corps de métiers ou maîtrises, adopté, je crois, dans toute l'Europe, et qui produit l'effet de conserver sans contrainte les mêmes professions dans les mêmes familles.

Cette loi est très analogue à la constitution, qui ne considère jamais l'homme que dans sa profession et la profession que dans les familles ; et parce qu'elle dérive *nécessairement* de la constitution, elle produit en administration les plus heureux effets : elle donne au gouvernement des moyens précieux et efficaces de surveiller, de contenir, par le motif puissant de l'intérêt personnel, et même de *l'honneur, les* jeunes gens de la classe pauvre et nombreuse, en y employant l'autorité des maîtres : elle fortifie entre les familles les liens de la bienveillance et de la fraternité, qui sont d'une autre importance que de prétendus progrès dans les arts, qui souvent n'en annoncent que la décadence : elle assure à la société la perpétuité des métiers les plus vils ou les plus périlleux, et cependant les plus nécessaires : elle nourrit enfin cet esprit de corps, dont on doit sentir la *nécessité* dans une monarchie, après les efforts, peut-être trop heureux, que la philosophie faisait depuis longtemps pour le détruire ; cet esprit de corps qui n'effraie que les gouvernements oppresseurs, qui n'embarrasse qu'une administration faible ou maladroite ; cet esprit de corps dont un gouvernement sage et habile se sert toujours avec succès, quand il l'emploie avec mesure.

Ce n'était pas assez, pour assurer la conservation de la société, d'avoir fixé l'exercice du pouvoir dans une même famille, Si la société n'avait en elle-même le moyen de la remplacer en cas d'extinction.

Dès que le pouvoir général, ou la royauté, est l'exercice ou l'acte de la volonté générale du corps social, il est évident que le corps social a seul le droit de produire cet acte de sa volonté générale. Il fallait donc que le corps social se formât pour produire cet acte.

Mais, comment rendre extérieur le corps social ? La société est la réunion des hommes et des propriétés. Elle ne pouvait être représentée que par des hommes qui fussent propriétaires. Mais la

Louis de Bonald

société constituée ne connaît pas les hommes, elle ne connaît que les professions ; elle ne pouvait donc être représentée que par des professions qui fussent propriétaires. Or, dans les premiers âges de nos monarchies d'Europe, et particulièrement de la monarchie française, il n'y avait que trois propriétaires, c'étaient la religion, le roi, la noblesse ; la profession sacerdotale, la profession royale, la profession militaire ; la religion publique, le pouvoir unique, les distinctions sociales permanentes, où la volonté générale de la société représentée par la religion, le pouvoir général exercé par le roi, la force générale exercée par la noblesse. Tout le reste de la nation était force générale exercée par la noblesse. Tout le reste de la nation était sans propriétés sociales ; car toute propriété dans la société constituée doit obliger à un service envers la société, et c'est pour pouvoir assurer et exiger ce service que le servage était établi. Voilà le gouvernement féodal. La société seule était propriétaire, et donnait l'usufruit au roi, sous l'obligation de la gouverner ; aux ministres de la religion, sous l'obligation de réprimer les volontés dépravées de tous ; aux ministres de la force publique, sous l'obligation de réprimer les actes extérieurs de ces volontés dépravées. Le corps social était donc représenté par tous les hommes sociaux et par toutes les propriétés sociales, puisqu'il l'était par toutes les professions sociales, et par les professions qui occupaient toutes les propriétés ; et cette représentation était aussi exacte et un-peu plus sociale que cette prétendue représentation fondée sur une combinaison si savante et si ridicule de population, de contribution et de territoire : combinaison par laquelle on fait entrer dans la représentation du corps social, comme partie intégrante et *sine qua non,* et le scélérat le plus vil, et l'impôt le plus oppressif, et le rocher le plus aride.

... La force publique fut aussi dotée. Le pouvoir général de l'État, agent de sa volonté générale, distribua à ses défenseurs des terres, à charge de service militaire : et ceux-ci le partagèrent à leurs subalternes sous la même condition. Telle est l'origine générale et l'esprit des fiefs ; quand même quelque critique bien savant découvrirait, à force de recherches, qu'il y avait quelques terres ou quelques fiefs possédés sans condition ou sous d'autres conditions. Le service militaire, exigé presque toujours forcément et gratuitement chez les anciens peuples, devint dans cette société libre et soldé, puisqu'il fut le prix d'une propriété acquise volontairement. Chez les anciens, on était soldat, parce qu'on était citoyen ; chez ces nouveaux peuples, on devint propriétaire pourvu qu'on voulût être soldat, c'est-à-dire, pourvu qu'on voulût défendre sa propriété. Qu'y avait-il dans ce contrat, entièrement libre de part et d'autre, qui blessât les lois naturelles ou civiles ? Il est évident que, dans la république, le citoyen en devenant soldat rendait sa condition plus mauvaise, et qu'ici le soldat, en devenant propriétaire, améliorait la sienne. C'était le moyen et le seul qu'il pût y avoir, d'assigner des terres pour l'entretien de la force publique, comme on en avait affecté à l'entretien de la maison régnante, et aux frais du culte ; et c'était tellement l'esprit de l'institution, que la dénomination de *bénéfice* fut donnée dans les premiers temps aux terres militaires, comme aux terres ecclésiastiques.

Ainsi la société, pour me servir d'une expression qui convient parfaitement à mon sujet, bailla à *fief* l'exercice du pouvoir général, le ministère de la religion et de la force publique ; et par cette disposition, les trois lois fondamentales des sociétés, la religion publique, la royauté et les distinctions sociales se trouvèrent établies d'une manière fixe, irrévocable, indépendante. Et observez que le service féodal était défensif, et non offensif ; car « le roi dépendait en quelque sorte de ses vassaux, qui souvent au milieu d'une campagne l'abandonnaient, parce que leur service était fini » (Hénault). L'institution féodale était donc dans la nature de la société constituée, puisqu'elle était un principe de résistance, et non un principe d'agression.

Comme la profession des armes, ou la noblesse, était héréditaire, les terres données à charge du service militaire devinrent *nécessairement* héréditaires. Dès que le feudataire de l'État fut propriétaire inamovible, il appela le serf à la propriété ; de fermier du seigneur, il en devint emphytéote, et prit à *cens* les terres qu'il faisait valoir auparavant comme serf. L'abolition du servage suivait nécessairement l'hérédité des fiefs ; l'industrie suivit l'affranchissement, et devint une nouvelle propriété. Les villes se peuplèrent, acquirent le droit de communes, et donnèrent lieu à un autre genre de propriété à la fois mobilière et foncière, je veux parler des maisons et des effets de commerce.

La nécessité des choses avait rendu héréditaires les fiefs ou terres de l'État ; mais la faiblesse du gouvernement rendit héréditaires les commissions. De là vinrent tous les abus et la ruine du gouvernement féodal ; et c'est pour n'avoir pas su distinguer les terres ou fiefs, des commissions ou emplois, que les écrivains superficiels ont mis sur le compte de la féodalité tous les désordres qui n'étaient arrivés que parce que la féodalité n'existait plus.

Dès que le pouvoir général fut sans force, il s'éleva une foule de pouvoirs particuliers, qui, agents d'une volonté particulière et dépravée, s'exercèrent par une force particulière et oppressive. La crainte que ces vassaux, grands ou petits, eurent les uns des autres, ou d'autres raisons, les forcèrent à conserver, avec le pouvoir général, une relation de dépendance qui pût, au besoin, devenir une relation de protection et de secours. Le pouvoir général de l'État, ou le monarque, conserva un pouvoir sur ces sociétés démembrées, mais un pouvoir très souvent sans force ; ce pouvoir, appelé suzeraineté, était contre la nature, puisqu'il soumettait la même société à deux pouvoirs toujours rivaux, et souvent ennemis. Mais si ce pouvoir s'établit malgré la nature, la nature, qui ramène tout à ses vues, sut le faire servir à ses desseins : ce lien si faible de la suzeraineté fut la chaîne par laquelle le pouvoir général de la grande société attira à lui tous les pouvoirs, toutes les sociétés particulières ; et la nature ne conserva de la suzeraineté que ce qu'il en fallait pour rappeler au seigneur ses obligations, à l'emphytéote ses devoirs, pour entretenir des idées de subordination et de respect qui facilitent l'obéissance due aux lois ; et la féodalité fut ainsi ramenée à son institution primitive.

Mais il se passa un temps considérable avant que le pouvoir général de l'État pût reconquérir tous les pouvoirs particuliers. Il fallut que nos rois eussent toujours les armes à la main pour repousser ou contenir ces fiers vassaux plus puissants qu'eux. Il n'y eut plus dès lors de proportion entre la force publique dont le pouvoir pouvait disposer, et le pouvoir lui-même. Roi de toute la France, le monarque ne pouvait lever des troupes que dans ses domaines, ni exiger des secours que des vassaux contre lesquels il ne faisait pas la guerre. Cette disproportion avait les suites les plus funestes, si le vassal contre lequel le monarque faisait la guerre, joignait une force étrangère à celle qu'il tirait de son fief : comme, par exemple, lorsque le duc de Normandie ou de Guyenne se trouvait roi d'Angleterre ; alors les engagements bornés, temporaires, contestés, du service féodal ne purent suffire à des guerres continuelles, il fallut des troupes fixes et des impôts pour les solder.

... Nous avons vu qu'en France il s'était élevé un troisième ordre de propriétaires inamovibles. Il devait donc être appelé aux assemblées générales des propriétaires, En effet, on voit le troisième ordre admis aux États généraux précisément pour y voter l'impôt ; et comme, dans les premiers temps, l'administration exclusive du clergé et de la noblesse n'avait pas été une usurpation, dans les temps postérieurs, l'introduction du troisième ordre ne lut pas une grâce. Dans les deux cas ce fut la nature des choses.

Si l'on m'objectait que les impôts ne portaient pas sur les propriétés du clergé, ni sur celles de la noblesse, et même que les propriétés de ces ordres ne devaient pas y être soumises, parce qu'ils en acquittaient les charges par un service personnel, je répondrais : 1° que tous les impôts, même indirects, portent sur la propriété, et qu'ainsi c'était toujours aux propriétaires à consentir l'impôt ; 2° que les deux premiers ordres dispensés de l'impôt en argent, par l'impôt en service personnel, offraient cependant au roi des secours volontaires ou dons gratuits ; et l'on voit à la fois le motif de privilèges pécuniaires de l'Église et des dons gratuits que paie le clergé.

Élection de la famille régnante en cas d'extinction ; octroi de l'impôt en cas d'insuffisance : fonctions essentielles et naturelles des États généraux.

Les États généraux avaient alors une autre fonction. C'était dans leur sein que nos rois faisaient leurs capitulaires ; c'est-à-dire, qu'ils jugeaient si la loi proposée par le souverain était conforme à la volonté générale de la société. Cette fonction a été depuis attribuée par la nature à des corps toujours assemblés, et bien plus en état par leurs occupations habituelles d'être les dépositaires des lois.

Sur tous les autres sujets, les États généraux n'ont ni ne peuvent avoir de faculté législative, parce qu'ils ne sont pas le pouvoir général de l'État, qu'ils ne sont pas l'organe de sa volonté générale ; et ils ne peuvent procéder que par *doléances*, plaintes respectueuses. C'était en France l'usage le plus constant.

Louis de Bonald

Les professions doivent être distinguées entre elles selon leur utilité respective pour la conservation de la société ; de là suit nécessairement la loi politique de la préséance des ministres de la religion sur ceux de la force publique, et de ceux-ci sur le troisième ordre.

10. Monarchie française

La France, à laquelle je vais faire l'application des principes que j'ai posés, est l'aînée des sociétés de l'Europe. Ce souvenir arrache une réflexion douloureuse : le retour à la barbarie suivrait-il le même ordre que la civilisation a suivi, et la société qui s'est formée la première, serait-elle la première à se dissoudre ?

... La France avait plus de constitution qu'aucune autre société, puisque le pouvoir général y était plus constitué, c'est-à-dire, mieux défendu et plus limité que dans tout autre État monarchique. - Religion publique, royauté héréditaire, distinctions héréditaires et permanentes, non seulement dans les personnes, mais dans les choses, immunités du clergé, prérogatives de la noblesse, privilèges des provinces, des villes, des corps, grands offices de la couronne, prééminence de la pairie, attributions des cours souveraines, inamovibilité des charges de magistrature, tout était, quant à son existence politique, indépendant du monarque. Cette inamovibilité des charges, les mœurs l'avaient étendue à presque tous les emplois civils et militaires ; les professions mécaniques étaient fixées par l'établissement des maîtrises : jusqu'aux dernières fonctions de la domesticité, tout existait par soi-même autour du souverain ; tout était possédé *en litre d'office,* tout était propriété. La propriété, comme une barrière impénétrable, placée par la nature elle-même entre la faiblesse et la force, formait autour du monarque une enceinte qu'il ne pouvait franchir ; et lui-même, pauvre au milieu de propriétaires, dépendant au milieu d'hommes libres, appartenait à tel point à la nation, qu'il n'avait pas même les facultés du dernier citoyen, et ne pouvait posséder de propriété particulière qui ne fût, par les lois, réunie au domaine publie au bout de dix ans de possession. « Le domaine de la couronne est comme la dot du royaume, donné au roi à cause de la royauté, et par conséquent inaliénable, de même que la dot qu'une femme a apportée à son mari. » (Hénault). Comparaison sublime, et qui établit d'une manière aussi touchante qu'elle est exacte, les vrais rapports du roi avec son État.

Le Français avait un caractère, et c'est dans l'invariabilité de son caractère, comme dans la force de la constitution, qu'il faut chercher la cause de ses longues prospérités, comme le principe de ses fautes, et l'origine de ses malheurs.

Il est tout âme, tout sentiment, tout action : il sent quand les autres pensent, il agit quand les autres délibèrent ; chez lui l'action devance la pensée, et le sentiment devance l'action : terrible dans ses écarts, extrême dans ses ver-tus, il a moins de vices que de passions ; frivole et capable de constance, fier et capable de docilité, impétueux et capable de réflexion, confiant jusqu'à l'insolence, actif jusqu'au prodige, brave jusqu'à la témérité, ses bonnes qualités sont à lui, et trop souvent ses défauts à ceux qui le gouvernent. Parlez à son cœur plutôt qu'à sa raison ; donnez-lui des sentiments, et non des opinions ; surtout défendez-vous de tout changement, vous qui le gouvernez ! n'ajoutez pas à la mobilité naturelle de ses goûts, par les variations d'une administration irrésolue ; que rien ne change autour de lui, si vous ne voulez pas qu'il change lui-même ; ne déplacez rien, si vous ne voulez pas qu'il renverse tout. Que votre administration soit également éloignée de la faiblesse et d'une pédantesque sévérité ; n'attristez pas la précieuse, l'inépuisable gaîté de son humeur, et ne lâchez pas la bride à la violence de ses premiers mouvements ; le Français n'est fait *ni pour une extrême liberté, ni pour une extrême dépendance* : il se laissera opprimer pour ne pas servir, il prendra des chaînes de peur d'en recevoir. Ne croyez pas que le nouveau régime auquel on l'a soumis puisse lui convenir : la turbulence des institutions démocratiques accroîtra sa licence, ou l'austérité des formes républicaines effarouchera son humeur libre et folâtre. N'en croyez pas ses serments : c'est un jeune homme sensible à l'excès, qu'un dépit passager jette dans un cloître, et que la facilité d'un cœur tendre ramène aux pieds d'un objet chéri. Il faut au Français l'éclat de la monarchie et la vigueur du *pouvoir* unique : mais que votre fermeté ne soit pas sans indulgence, ni votre sagesse sans grâces ; hélas ! s'il s'est perdu, c'est que son caractère méconnu de ses maîtres a été trop bien saisi

Louis de Bonald

par ses tyrans.

Ce caractère national s'est plus d'une fois prononcé contre l'administration elle-même, à des époques dont on n'a pas perdu le souvenir, lorsqu'il repoussait par les traits du ridicule, ou, le silence de l'improbation, les atteintes portées aux lois fondamentales.

Mais pourquoi recourir à des exemples éloignés ? Voyez la France ; elle n'est plus ! depuis six ans entiers, le plan de destruction le plus vaste, le plus savamment combiné, le plus opiniâtrement suivi, la guerre civile la plus acharnée, la guerre étrangère la plus générale, des proscriptions sans exemples, une oppression inouïe, la faim, la misère et la mort, tous les fléaux ensemble, n'ont pu anéantir dans cette société l'esprit de vie que lui imprimèrent sa constitution et le caractère national. Il n'y reste pas pierre sur pierre, et ses fondements, comme ceux de ce temple célèbre, agités par une force secrète, engloutissent les ouvriers et repoussent leurs constructions. Les lois nouvelles ne peuvent s'affermir, ni les anciennes habitudes se détruire ; le feu sacré brûle encore dans la Vendée comme dans un sanctuaire ; là des Français, sans autre motif que l'attachement au culte de leurs pères et à l'héritier de leurs rois, sans autre secours que leur courage, luttent, avec la seule force du caractère national, contre toutes les passions des hommes et toute la rage de l'enfer ; tandis que d'autres Français poursuivent avec un acharnement déplorable la ruine de leur patrie, et leur propre perte. Hélas 1 si leurs jeux étaient moins cruels, on verrait avec pitié ces enfants s'obstiner à élever un édifice de neige sur un sol brûlant.

C'est surtout dans l'histoire de la France qu'on trouve la preuve de cette vérité, que la constitution est un principe de conservation et non d'agrandissement : « Un État monarchique, dit Montesquieu, doit être d'une grandeur médiocre. » Cet auteur a raison, parce qu'un État ne peut s'étendre démesurément, qu'en cessant d'être monarchique.

Jusqu'à Louis XIV, la France n'avait combattu que pour repousser l'étranger ; dompter des vassaux révoltés, ou soumettre des sujets rebelles : des fleuves d'or et de sang, versés pour soutenir des droits légitimes, n'avaient pu lui, assurer la moindre conquête en Italie. Sans Louis XIV, elle déploie tout à coup une force inconnue ;

elle était guerrière, elle devient conquérante : mais aussi sa constitution s'était affaiblie, et, sans parler de plusieurs causes moins sensibles d'altération, l'aliénation progressive d'une grande partie du domaine royal, qui avait rendu nécessaire l'établissement de nombreux subsides, le schisme dans la religion de l'État, qui, durant plusieurs règnes, avait mis les armes à la main de tous les citoyens, avaient fait perdre aux personnes et aux propriétés cette fixité qui est la vraie limite du pouvoir et l'effet nécessaire de la constitution. et cependant de toutes ses conquêtes, Louis XIV ne conserva que l'Alsace et une partie de la Flandre ; car je ne parle pas de la Franche-Comté que la nature même donnait à la France comme une compensation légitime de la Haute-Navarre qu'elle laissait à l'Espagne. Ce fut cependant l'acquisition de l'Alsace et de la Flandre française, qui sont à peine la quarantième partie du sol de la France, qui fit craindre à toute l'Europe que Louis XIV n'aspirât à la monarchie universelle. « Il est vrai, dit Montesquieu, que ses ennemis l'en accusèrent plutôt sur leurs craintes que sur leurs raisons : s'il y avait *réussi, rien n'aurait été plus fatal à ses anciens sujets, à lui et à sa famille.* » C'est que la monarchie eût été détruite, parce que la conquête et la monarchie ne sauraient subsister ensemble. Il n'y a eu que deux républiques, la république romaine et la république française, qui aient pli aspirer à la monarchie universelle ; et il n'y a que des républiques qui puissent en réaliser le projet, parce que la monarchie universelle n'est que le despotisme universel, que le despotisme universel suppose une conquête universelle, et que les républiques sont essentiellement conquérantes.

... Détracteurs ignorants on perfides de la royauté, comparez la France à la France, le monarque qui a le plus forcé ses moyens de puissance à l'assemblée qui a le plus abusé des siens, les levées d'hommes et d'argent de Louis XIV avec les *réquisitions inouïes* du Comité de salut publie, et *soyez justes !*

11. Révolutions générales, décadence des arts et des mœurs

... *Dans une société où la religion et le gouvernement auront été détruits, il est nécessaire que la religion renaisse chez les grands, avant*

Louis de Bonald

que le gouvernement renaisse pour le peuple, parce qu'il est dans la nature des êtres que les dispositions de celui qui doit commander précèdent les dispositions de celui qui doit obéir. J'ai prouvé avec la dernière évidence qu'il n'existait pas de *pouvoir général ou social* dans une société républicaine (existant par elle-même) ; il n'y existera donc pas de religion sociale ou publique, elle tombera donc dans l'athéisme.

Le projet de républicaniser l'Europe est donc le projet d'y introduire l'athéisme, ou le projet d'y introduire l'athéisme, celui de la républicaniser.

C'est ici qu'il faut admirer la profondeur des vues et des moyens qu'employait, pour parvenir à ce double but, cette secte infernale dont l'origine est plus ancienne, et les métamorphoses plus nombreuses qu'on ne pense.

Les philosophes prêchaient l'athéisme aux grands, et le républicanisme aux peuples : ils délivraient du joug de la religion ceux qui doivent commander, et du frein du gouvernement ceux qui doivent obéir. Ils disaient aux premiers que la religion n'était faite que pour les peuples ; et aux seconds, que le gouvernement n'était utile qu'aux grands : il résultait de cette double instruction, nécessairement commune aux grands et au peuple, que les grands, en concevant du mépris pour la religion, concevaient aussi des doutes sur la légitimité du *pouvoir* même qu'ils exerçaient ; et que le peuple, en prenant en haine ou en jalousie l'autorité politique, concevait aussi des doutes sur l'utilité de la religion qu'il pratiquait, et qui lui prescrivait l'obéissance au gouvernement. Cependant la philosophie ne proposait pas une destruction sans remplacement ; elle remplaçait les réalités par des abstractions : chez les grands, elle mettait la *raison* à la place de la religion ; chez le peuple, elle mettait la loi à la place du *pouvoir ;* chez tous, elle mettait je ne sais quelle philanthropie à la place de la charité et de l'amour du prochain : car la religion, qui est *intelligence* pour quelques-uns, est *amour* pour tous ; parce que tous les hommes n'ont pas l'esprit éclairé, mais tous ont le cœur sensible.

Les philosophes travaillaient à leur but avec une ardeur infatigable, et y employaient tous les agents et surtout tous les moyens. C'était une mine qu'ils creusaient sous l'Europe ; heureusement la mine a été éventée par l'empressement des mineurs à la faire jouer. Ils ont cru leur triomphe prochain et assuré, lorsqu'ils ont pu lever l'étendard de l'athéisme, et accélérer, par l'effet prompt et décisif de la force, l'effet trop lent de la persuasion.

Il n'entre pas dans mon sujet de rappeler ou de dévoiler les manœuvres inouïes, épouvantables, que la philosophie a employées pour parvenir à diriger vers l'accomplissement de ses desseins les forces de cette société célèbre destinée, ce semble, à dominer l'Europe par la force de ses armes, on par l'influence de ses exemples. La révolution du christianisme à l'athéisme extérieur et social, ou à l'abolition de tout culte publie, eût été inévitablement consommée en Europe, si les progrès des armées révolutionnaires de la France n'eussent été arrêtés. Forte de l'irréligion des uns, de l'esprit séditieux des autres, de la politique étroite et jalouse des cabinets, la révolution française eût rallié partout sous ses drapeaux, par le fanatisme, la licence et le pillage, l'intérêt, la volupté, la terreur, par tout ce qui peut affecter l'*esprit,* le *cœur* et les *sens* de l'homme, eût rallié, dis-je, cette classe nombreuse qui vit sur la propriété d'autrui, que le luxe multiplie en Europe à un point effrayant, et que le commerce entretient. Car le commerce, regardé comme l'unique religion des sociétés, depuis que l'argent est devenu l'unique Dieu des hommes, le commerce, en déplaçant les subsistances, en entassant en Europe les blés de l'Afrique et le riz de l'Asie, contrarie peut-être les vues de la nature, dérange son système de population, et prépare des causes et des instruments de révolution, en faisant naître les hommes à force de subsistances étrangères, comme on fait naître et mûrir les fruits à force de chaleur artificielle.

La domination que la France exerçait depuis longtemps sur la plus grande partie des sociétés chrétiennes, par l'ascendant de ses exemples, par la supériorité reconnue ou supposée de ses arts, de sa littérature, de sa langue, de ses modes, de ses mœurs, de ses manières, semblait devoir faciliter aussi la révolution du christianisme à l'athéisme : et peut-être la philosophie ne s'est-elle trompée qu'en ce qu'elle a cru obtenir par la force des armes, un succès qu'elle ne devait attendre que de l'influence des exemples. Cependant il ne me paraît pas douteux que, si la France pouvait conserver sa forme républicaine, elle ne dût espérer de prodigieuses conquêtes de son immense population que tant de causes contribueraient à accroître, et de l'impétuosité naturelle du caractère français... La destruction du pouvoir dans toutes les sociétés, destruction opérée en France, et essayée à Naples, à Turin et partout ; l'abolition de toutes les institutions politiques et religieuses, qui, sans violence et sans crime, empêchent l'excès de la population en Europe, qui seules ont fait cesser ces nombreuses émigrations de barbares qui nous étonnent : *institutions que la nature de la société a multipliées là où la population pouvait être plus nombreuse par l'abondance des subsistances, et son excès plus dangereux par le tempérament des hommes ; l'extrême* division des terres et leur défrichement bien plus étendu qu'autrefois, des passions plus exaltées : toutes ces causes, mille autres encore, y accroîtraient la population dans une progression incalculable, tandis que les institutions républicaines ne pourraient opposer aux passions de tant d'hommes qu'une barrière impuissante. Tous les désordres des temps anciens, de plus grands encore, résulteraient infailliblement et de la multiplicité des passions et de la destruction du *pouvoir*. Les mœurs, nous en verrons bientôt la preuve, périraient avec la religion ; les arts périraient avec les mœurs ; les sciences, qu'on a vues en France prêtes à s'éteindre, les sciences, et par conséquent l'art militaire, se perdraient dans cette confusion générale.

Une société constituée peut essuyer des crises qui ne détruiront pas le corps social : ce sont des maladies passagères dans un corps robuste. Le politique profond, comme le médecin habile, peuvent, à des signes certains, connaître l'approche des crises violentes du corps social ou du corps humain. Le symptôme le moins équivoque de celles dont le corps politique est menacé, est la décadence des arts et des mœurs.

Plus, dans sa législation politique et religieuse, une société policée, ou qui connaît les arts, se rapproche de la constitution ou de la nature perfectionnée des sociétés, plus, dans leurs productions, les arts se rapprochent de l'imitation de la nature embellie ou perfectionnée des objets qu'ils ont à peindre. Ce serait, ce me semble, le sujet d'un ouvrage de littérature *politique* bien intéressant, que le rapprochement de l'état des arts chez les divers peuples avec la nature de leurs institutions. L'auteur trouverait peut-être, dans la mollesse des institutions politiques des États d'Italie, le motif de l'afféterie qui domine dans leurs arts ; dans la dureté militaire des institutions des peuples du Nord, le motif de la rudesse de leurs productions littéraires ; dans la constitution mixte de l'Angleterre, la cause de ces inégalités bizarres, de ce mélange d'une nature sublime et d'une nature basse et abjecte qu'on remarque dans ses poètes. Il rejetterait le principe secret de ces imitations exagérées, de cette grandeur gigantesque qu'on aperçoit dans les productions et jusque dans le caractère espagnol, sur la constitution de cette société, où le pouvoir royal n'est pas assez limité par les institutions politiques ; il n'oublierait pas surtout de remarquer que les arts en France s'éloignaient de la nature noble et perfectionnée, pour descendre à la nature simple, champêtre, enfantine, familière, depuis que la société politique penchait vers la révolution qui devait la ramener à l'état primitif des sociétés naturelles.

... La langue elle-même se ressentait de l'approche de cette révolution. En vain quelques bons écrivains se roidissent contre une dégénération dont le temps a révélé le principe, la langue française, la langue de Fénelon et de Racine, de Bossuet et de Buffon ; cette langue simple sans bassesse, et noble sans enflure, harmonieuse sans fatigue, précise sans obscurité, élégante sans afféterie, métaphorique sans recherche ; cette langue, la véritable expression d'une nature perfectionnée, devenait brusque, dure, courte, sauvage, hyperbolique, parce qu'il fallait, disait-on, que la langue fût *pensée,* fût sentie, forte, pittoresque, comme la nature.

... On a remarqué plus haut l'influence de la forme de gouvernement sur les arts : on peut remarquer ici l'influence de la religion sur les mœurs et sur la constitution.

Le libertinage d'esprit porte atteinte aux principes fondamentaux d'une religion sociale ; bientôt le libertinage des sens bannit une galanterie décente qu'on peut appeler le culte extérieur des mœurs honnêtes ; un délire républicain ne tardera pas à attaquer la constitution politique de la société. La femme secoue elle-même le joug des mœurs décentes, les mœurs cessent de la protéger, les lois même l'oppriment, et l'on porte contre elle la loi du divorce. L'homme rejette le frein du pouvoir ; le *pouvoir* cesse de le protéger, le pouvoir même l'opprime et l'on porte contre lui les lois révolutionnaires. Dans le même temps et chez le même peuple,

Louis de Bonald

une philosophie orgueilleuse veut ramener la religion sociale à la religion naturelle ; une philosophie sensuelle ne considère plus les femmes sous des rapports sociaux mais sous des rapports purement naturels ; une philosophie séditieuse ramène la société civile à l'état féroce et sauvage des sociétés naturelles.

Qu'on ne s'effarouche pas de ce rapprochement d'idées en apparence si disparates. C'est ce mélange inexprimable de religion, de galanterie et de fidélité à l'État qui formait le caractère de l'antique chevalerie : institution sublime, que la nature avait adaptée aux besoins d'une société naissante, et qu'elle saurait encore proportionner à ses développements et à ses progrès, si les souverains daignaient réfléchir à cette vérité politique : Que dans une société constituée tout ne peut pas se faire avec la *force et de par le* roi ; que le moral dans l'homme est quelque chose ; que ce ressort puissant se dirige contre les gouvernements, s'il n'est pas dirigé par eux et pour eux ; que ce ressort n'a de force que par la résistance qu'on lui oppose, ni d'utilité que par la direction qu'on lui donne ; et que, pour accroître et diriger son action, la religion est bien supérieure à la philosophie...

Livre III : Sociétés non constituées

12. Démocraties

Si, passant dans le Nouveau Monde, nous considérons cette république, fille chérie de la philosophie, dont une politique *fausse, parce qu'elle était injuste,* accueillit l'enfance, et soutint les premiers pas, nous remarquerons qu'une organisation ingénieusement combinée, une représentation scrupuleusement proportionnelle, des pouvoirs artistement mis en équilibre, y remplacent ces riches et antiques propriétés auxquelles les États les plus florissants doivent leur existence : c'est un particulier qui a converti ses fonds de terre en billets de banque. Les enthousiastes la croient éternelle, parce qu'elle a duré quinze ans. Je ne puis m'empêcher de faire un rapprochement : dans les premiers temps de la république romaine, le peuple mécontent des sénateurs se venge en se retirant de la ville ; un apologue l'y ramène : il y a à peine quinze ans de la fondation de la république anglo-américaine, et dans la Pensylvanie on a pris les armes, s'il faut en croire les papiers publics, avec moins de raison que n'en eut le peuple romain. On n'a pas envoyé contre les mutins un nouveau Ménénius avec des apologues, mais un général avec des soldats. *Dans les sociétés non constituées, c'est-à-dire, qui n'ont ni volonté générale conservatrice, ni pouvoir général conservateur, on ne peut conserver qu'avec la force.*

Une vérité incontestable est que toutes les républiques, anciennes ou modernes, grandes ou petites, ont dû leur naissance à l'ambition du pouvoir. L'oppression n'a jamais été qu'un prétexte. En Amérique, quelques droits modiques sur le thé servirent de prétexte, à défaut d'un motif plus grave ; et pour payer cette boisson malsaine quelques sous de moins, l'Amérique fut dépeuplée, fut ruinée, la guerre s'alluma dans les deux mondes, le sang humain coula à grands flots ; et le *grand homme,* qui n'exposait sa vie qu'au danger des indigestions des dîners de Paris, s'applaudissait des progrès de l'incendie qu'il avait allumé ; et tandis qu'il riait en secret de la sottise des peuples, il s'extasiait en public sur l'énergie républicaine et les progrès de l'esprit humain. On ne contestera pas sans doute que la démocratie française ne doive sa naissance à l'ambition réduite à inventer les prétextes les plus absurdes, lorsque les intentions bien connues du malheureux Louis XVI, et les dispositions non équivoques de tous les ordres de l'État ne permettaient pas d'alléguer des motifs.

Dans toutes les révolutions il y a un *dessous de cartes,* qui n'est pas toujours connu, parce que les *meneurs* périssent souvent dans les troubles inséparables de la révolution, et emportent avec eux leur secret que des événements ultérieurs auraient dévoilé. Cependant les effets arrivent, parce que l'impulsion est donnée ; mais le voile reste sur les causes, et la foule imbécile, qui ne les soupçonne pas, imagine du merveilleux pour expliquer les effets.

... La république des États-Unis commence, et la forme de gouvernement qu'elle adopte est tout entière l'ouvrage de l'homme ; la nature n'y est pour rien. Aussi elle fait de grands progrès vers la désorganisation. Elle ne préfère aucun culte, et les traite tous avec une égale indifférence, on pourrait dire avec un égal mépris. L'unité de *pouvoir* est une loi fondamentale des sociétés constituées, la *division des pouvoirs* est une loi fondamentale de

Louis de Bonald

celle-ci ; les distinctions sociales y sont formellement abolies, la philosophie et l'orgueil ont fait la révolution, et en exigent le prix, on livre la religion à l'une, et les distinctions à l'autre. Culte, pouvoir, distinctions, tout y est individuel, rien n'y est social : il n'y a pas même de vestige des lois fondamentales.

La France s'érige en démocratie, et s'élève en un instant au plus haut période de désorganisation auquel une société puisse atteindre ; les États-Unis avaient toléré tous les cultes ; malgré quelques décrets hypocrites, la France les proscrit tous, et pour mieux anéantir la religion, elle en massacre les ministres. Les États-Unis avaient aboli la royauté ; la France va plus loin, elle fait périr le roi, et *par la honte de sa mort, elle veut étouffer jusqu'à la compassion*. Les États-Unis avaient anéanti les distinctions ; la France détruit les familles distinguées. Les États-Unis avaient respecté la croyance de la Divinité ; la France l'anéantit, et ses tyrans décrètent qu'elle existe, comme si Dieu était l'ouvrage de l'homme. Les États-Unis avaient respecté l'homme, et le sang n'avait coulé que sur le champ de bataille ; la France détruit l'homme de tout âge, de tout sexe, de toute profession, de tout parti, et par tous les moyens de destruction que petit fournir l'art ou la nature. Les États-Unis avaient respecté la propriété ; la France anéantit la propriété même, en dépouillant, en égorgeant les propriétaires. C'en est fait ; la coupe de la destruction et du malheur est épuisée, la royauté et le roi, le culte et ses ministres, les distinctions et les personnes, la propriété et les propriétaires, l'homme, Dieu même, la France a tout détruit.

13. Observations générales sur les républiques

... On dit aux peuples que des rivalités entre des ministres ont produit de longues guerres entre les rois ; mais on ne leur dit pas que, pour armer une république contre une autre, il ne faut qu'une querelle de pâtres, ou une concurrence de marchands.

On ne leur dit pas que, si la vanité et la mode font des militaires dans les monarchies, dans les républiques la passion de dominer fait des guerriers.

On ne leur dit pas que la guerre la plus heureuse compromet

la félicité d'un roi et la prospérité de son État ; et que, dans un État populaire, la guerre la plus malheureuse ouvre des chances favorables à l'ambition des chefs, et préserve l'État du danger plus grand des divisions intestines....

La soif de l'or a remplacé la fureur des conquêtes, et la fièvre dévorante qu'il allume est devenue le principe de l'existence des républiques et du caractère national de leurs citoyens. Hors d'état d'étendre leur territoire, elles ont tout fait, tout bravé, tout souffert, pour étendre leur commerce ; le commerce est devenu la seule affaire de leurs gouvernements, la seule religion de leurs peuples, le seul sujet de leurs querelles. Entraînées par ce délire universel, les administrations les plus sages n'ont vu de puissance que le commerce, de richesses que l'argent, de prospérité que le luxe : et l'égoïsme, les besoins factices et immodérés, l'extrême inégalité des fortunes, comme un chancre dévorant, ont attaqué les principes conservateurs des sociétés. *La guerre présente a révélé à l'Europe l'étendue et la gravité* du mal. L'intérêt a paru le dieu de l'homme, et ce dieu a exigé en sacrifice toutes les vertus. Si *l'univers est son temple, son sanctuaire est dans les républiques* : étrange destinée de ces gouvernements, qui semblent n'exister que pour détruire l'espèce humaine, ou pour la corrompre !

C'est cependant celui qu'appellent par leurs vœux, que hâtent par leurs efforts tant d'imbéciles ou de fripons, qui, dans leurs déclamations insensées, qualifient de despotisme tout pouvoir unique, et ne se doutent pas que le despotisme et la démocratie sont, au fond, le même gouvernement. Ce n'est pas seulement parce que le *pouvoir* dans tous les deux est sans limites déterminées, ou limité seulement par la force militaire et par l'insurrection populaire ; ce n'est pas uniquement parce qu'il n'y a rien de fixe dans les choses, ni dans les personnes, que le despote fait un ministre d'État d'un jardinier, comme le peuple souverain fait un législateur d'un maître à danser, que l'un pille une maison en vertu des mêmes lois par lesquelles l'autre s'approprie une succession : le trait le plus marqué de leur identité, parce qu'il est dans la *nature* même de l'un et de l'autre, est l'acharnement avec lequel le peuple dans ses révolutions, et le despote dans ses conquêtes, cherchent à anéantir les distinctions héréditaires, par la mort ou l'exil de ceux qui en sont revêtus. Ce n'est pas, comme on le croit communément,

Louis de Bonald

à la jalousie ombrageuse du despote, ou aux vengeances populaires que ces illustres victimes sont immolées, mais au despotisme et à la démocratie mêmes ; c'est-à-dire aux principes de ces gouvernements, qui s'empressent de substituer leur *nivellement* caractéristique aux distinctions propres à la monarchie, comme le nouveau propriétaire d'un hôtel en fait enlever l'inscription et les armoiries pour y substituer son nom et son écusson.

Aussi je vois ces deux états déployer en naissant une force irrésistible, surtout s'ils sont fondés par le zèle d'une nouvelle doctrine, renverser les obstacles qui s'opposent à leur développement, porter au dehors l'inquiétude qui les dévore, et s'étendre par des conquêtes : mais en même temps, ils s'affaiblissent par des révoltes, ou se consument par des dissensions intestines ; et après avoir brillé quelque temps sur l'horizon politique, redoutables à leurs voisins, funestes à eux-mêmes, l'un périt de langueur, l'autre de frénésie ; et toujours plus rapprochés, ils finissent par se confondre, et le despotisme de tous aboutit au despotisme d'un seul.

Qu'on ne m'accuse pas de m'élever contre aucun gouvernement : je fais profession de respecter tous les gouvernements qui *conservent* Dieu et l'homme : je conviendrai, si l'on veut, que, si l'existence d'une nation est plus assurée dans une monarchie, le sort de l'individu est quelquefois plus heureux dans les républiques, qui procurent à l'homme en bien-être et souvent en licence, ce qu'elles lui ôtent en liberté. La république est comme un homme d'un tempérament faible qui vit de régime ; et trop souvent la monarchie est un homme d'une constitution vigoureuse, qui se permet des excès.

Mais ce bonheur, ou plutôt ce bien-être qu'on goûte dans quelques républiques, c'est aux monarchies qu'elles le doivent. En effet, si le régime populaire existe dans les petits États, et le despotique dans les États d'une grandeur démesurée c'est par la même raison que le régime municipal existe dans les cités d'un empire. Les républiques sont des fractions des sociétés monarchiques en général, comme les cités sont des fractions d'une société monarchique particulière ; le régime républicain peut convenir au petit nombre des citoyens, comme le despotique au nombre excessif de sujets. Mais ni l'un ni l'autre ne convient à la nature des sociétés ; car la nature ne veut pas qu'une société soit oppressive, et qu'une autre soit opprimée ; elle ne veut pas que l'une soit trop puissante pour être contenue, et l'autre trop faible pour pouvoir se défendre : la nature veut que les sociétés soient libres et indépendantes sous l'empire des lois fondamentales, comme elle veut que l'homme soit libre et indépendant sous l'empire des lois religieuses, politiques et civiles...

14. Pourquoi les sociétés non constituées sont toujours guerrières

Non seulement les guerres sont plus fréquentes dans les républiques, mais elles y sont plus atroces.

Dans les monarchies, la guerre se fait avec la passion d'un seul, le roi, et l'honneur de tous ; dans les républiques, elle se fait avec l'honneur d'un seul, le général, et la passion de tous ; de là vient que dans les républiques tous les citoyens sont soldats, et que dans les monarchies la profession militaire est celle du petit nombre. La passion tend à détruire, l'honneur à se distinguer : de là vient que dans les monarchies, des procédés généreux et humains, qui n'ôtent rien à la valeur ni au devoir, au milieu même des combats, mettent des bornes aux malheurs de la guerre ; au lieu (pie dans les États populaires, des barbaries froides et inutiles viennent en aggraver les horreurs.

Ne serait-ce point parce qu'on fait la guerre par passion dans les États populaires, que la profession militaire y est peu estimée ? On n'a nul mérite à faire ce qu'on fait par passion ; au lieu que dans les monarchies, où l'on brave les dangers de la guerre sans motif personnel, et par le sentiment du devoir ou le désir de la gloire, le métier des armes y jouit d'une juste considération. Je sais que ce fait s'explique par d'autres causes, mais qu'on prenne garde que, si les hommes ont leurs raisons, la nature à ses motifs.

C'est par le même principe que les États populaires font mieux la guerre offensive que défensive. Car la passion est impétueuse et entreprenante. L'exemple que nous offre la démocratie française en est une nouvelle preuve : car elle a fait la guerre défensive avec les moyens et l'esprit encore subsistants de la monarchie, et l'offensive avec les passions naissantes de la république.

Louis de Bonald

15. La France république

Si nous considérons la France sous le point de vue que nous présente son nouveau gouvernement, nous trouverons, dans les différentes révolutions qu'elle a essuyées, et qu'on décore du nom de constitutions de 1789, 91, 93, 94, 95, la preuve évidente que le pouvoir, une fois écarté de son principe qui est l'unité, a une tendance irrésistible à se diviser sur tous les membres de la société ; et une fois parvenu au terme extrême de sa division, à revenir à son principe : c'est-à-dire que, lorsqu'il n'y a plus de pouvoir général dans la société, chaque membre de la société tend à exercer son pouvoir particulier ; et lorsque tous les membres de la société ont leur pouvoir particulier, il n'y a plus de société, parce qu'il n'y a plus de pouvoir général ; mais le pouvoir général tend à se rétablir, ou pour mieux dire, la société tend à se recomposer, parce que la société ne peut exister sans pouvoir général, ni l'homme exister sans société.

Je prie le lecteur de faire une attention sérieuse au développement qui va suivre ; il lui offrira l'analyse du système de la société civile : jamais théorie n'avait été confirmée par une expérience plus vaste et plus décisive.

Le pouvoir général de la société existait en France dans le monarque. Il devint nécessaire de convoquer la nation, parce que l'impôt ordinaire et fixe était insuffisant, et les revenus de l'État infiniment au-dessous de ses besoins.

La volonté générale de la société demandait cette convocation, puisque la nation seule peut, sur la proposition du monarque, statuer sur l'augmentation extraordinaire des subsides. Mais, quand la volonté générale de la société convoque la nation propriétaire pour délibérer sur la propriété, son pouvoir général doit maintenir les formes nécessaires de la convocation ; car tout, la forme comme le fond, est nécessaire dans les institutions d'une société constituée.

Le monarque trompé autorise un changement dans la proportion respective des ordres : un seul ordre, et encore celui qui n'exerce pas de profession sociale, se trouve aussi nombreux que les deux autres ensemble : cette mesure était contre la nature de la société civile ;

car il est contre la nature de la société civile, que les professions sociales de la société religieuse et de la société politique, la force publique, conservatrice de l'une et de l'autre, se trouve la plus faible en nombre de députés dans la convocation générale de l'une et de l'autre société.

En portant cette loi, le monarque mit donc sa volonté particulière à la place de la volonté générale, et par conséquent son pouvoir particulier à la place du pouvoir général.

Les corps dépositaires des lois, chargés de distinguer la volonté particulière de l'homme de la volonté générale de la société, réclamèrent contre une loi qui n'était pas émanée de la volonté générale ; mais entraînés eux-mêmes par le torrent irrésistible des circonstances, ils jugèrent une plus longue résistance inutile ou dangereuse, et ils enregistrèrent, c'est-à-dire qu'ils admirent dans le dépôt des lois cette loi désastreuse, la cause de tous les malheurs.

Les États généraux s'assemblèrent sous ces funestes auspices.

Dès que le monarque avait fait prévaloir son pouvoir particulier sur le pouvoir général, le pouvoir général n'existait plus : car le pouvoir général de la société et le pouvoir particulier de l'homme ne sauraient exister ensemble dans la même société.

Dès qu'il n'y avait plus de pouvoir général, chacun voulut exercer son pouvoir particulier.

Les députés du troisième ordre voulurent s'ériger en pouvoir, ou, ce qui est la même chose, exercer leur pouvoir. Les deux autres ordres s'y opposèrent en vain : force générale conservatrice de la société civile, ils n'étaient que l'action du pouvoir général et il n'y avait plus de pouvoir général. Ils ne résistèrent donc qu'avec leur volonté particulière et leur pouvoir particulier.

Mais dans cette lutte de volontés et de pouvoirs particuliers, les volontés et les pouvoirs du plus grand nombre devaient l'emporter : les professions sociales, dominées par le nombre, se réunirent aux députés du troisième ordre, pour former, malgré elles-mêmes, le pouvoir particulier de l'assemblée soi-disant nationale.

Cette réunion était contre la volonté générale de la société, puisqu'elle était contre la nature des êtres en société. En effet, il est contre la nature des êtres, que des professions distinguées soient confondues avec celles dont elles sont distinguées ; que les

Louis de Bonald

professions sociales se mêlent aux professions naturelles, et que des propriétaires, dont les uns, comme le clergé et la noblesse, sont investis de propriétés sociales, et les autres, comme le troisième ordre, ne possèdent que des propriétés personnelles, se réunissent pour délibérer en commun sur la propriété.

Le monarque, averti par les désordres qui précédèrent ou qui suivirent la réunion des ordres en une seule assemblée, voulut appeler à la défense de la société la force publique extraordinaire ou l'armée. La force publique n'est que l'action du pouvoir général ; et dès qu'il n'y a plus de pouvoir général, mais des pouvoirs particuliers, la force publique n'est que l'action des pouvoirs particuliers : aussi, l'armée ne reconnut plus que le pouvoir particulier de l'assemblée nationale. Dès lors la force publique fut séparée du pouvoir général ou du monarque ; dès lors le pouvoir général ne fut plus un pouvoir, car un pouvoir sans force n'est pas un pouvoir.

Dès que le pouvoir général conservateur de la société avait cessé d'être pouvoir, la société avait cessé de se conserver, on d'être société. Dès qu'elle ne fut plus société, elle ne put plus remplir la fin de toute société *qui* est la conservation des êtres *qui* la composent : l'homme et la propriété furent détruits, et l'on commença par détruire l'homme social, c'est-à-dire le prêtre ou le noble, et leurs propriétés ou les propriétés sociales ; bientôt on détruisit le simple citoyen, on envahit les propriétés personnelles.

Cependant les fractions commencent dans l'assemblée et les dissensions dans le royaume, et vont toujours croissant. Chacun veut manifester sa volonté particulière, ou satisfaire sa passion de dominer, par l'exercice de son pouvoir particulier et par l'action de sa force individuelle.

Quelques-uns de ceux qui exerçaient leur pouvoir et avaient usurpé celui des autres, jaloux de le retenir, ou persuadés du danger de le diviser davantage, imaginent la distinction de citoyens actifs et non actifs : c'est une borne à la manifestation de toutes les volontés. Bientôt paraît le décret qui exige, pour être élu, la contribution du marc d'argent : c'est une limite à l'exercice de tous les pouvoirs.

Mais que pouvaient ces faibles digues contre la tendance irrésistible du pouvoir une fois partagé ? On se rappelle avec quelle persévérance cette loi fut attaquée, avec quelle chaleur elle fut défendue. La première assemblée la lègue à la seconde, et lui recommande de la maintenir. Il me semble voir d'imprudents bergers qui ont précipité un rocher du haut d'une montagne, et qui, effrayés de sa chute impétueuse, crient à d'autres de l'arrêter.

La nouvelle constitution s'écroule au bruit des serments de la maintenir. L'Assemblée législative renverse la frêle barrière qui s'opposait à l'entière division du pouvoir : le pouvoir déborde, si j'ose le dire, et s'étend jusqu'au dernier individu de la société. Chacun a son pouvoir, et veut l'exercer par sa force : c'est l'état sauvage ; les plus forts et les plus adroits sont les maîtres. Quelques-uns alarmés de tant de désordres, tremblants pour eux-mêmes, proposent des plans de législation ; mais comme ils tendent tous à restreindre le nombre des pouvoirs, ils sont rejetés, et celui de Condorcet lui-même est traité de royaliste. Cependant la société dissoute tend à se recomposer, par le rétablissement d'un pouvoir général ; car l'homme ne saurait exister sans société, ni la société sans pouvoir général. Il s'élève donc un seul pouvoir, il se forme une constitution. Mais quel pouvoir, grand Dieu ! et quelle constitution ! elle a ses lois fondamentales, elle a une religion publique ; c'est le culte de Marat elle a un pouvoir unique et général ; c'est la mort : elle a des distinctions sociales ; ce sont les *jacobins,* prêtres de ce culte et agents de ce pouvoir. Ce pouvoir a un représentant, c'est l'instrument des supplices : ce monarque a des ministres, ce sont les bourreaux ; il a des sujets, ce sont ses victimes. Rien de semblable n'avait encore paru sur la terre...

Livre IV : Questions générales sur la législation et sur la division des pouvoirs

16. De la vertu considérée dans les monarchies et les républiques

Il est temps de le dire : l'auteur de *l'Esprit des* lois n'a adopté la division des gouvernements en trois espèces différentes, que parce qu'il n'a pu trouver que trois *étiquettes* différentes pour les caractériser ; et le motif est si évident, que, lorsqu'il veut désigner à part le gouvernement aristocratique, il lui donne pour principe la *modération* de ceux qui gouvernent, tandis qu'il a donné aux trois autres la *vertu, l'honneur* et la *crainte* de ceux qui sont gouvernés : en sorte qu'il place le principe du gouvernement, tantôt dans le souverain et tantôt dans les sujets. Quoi qu'il en soit, cette distinction a accrédité une erreur de la plus pernicieuse conséquence.

Dans ce partage de *vertu, d'honneur et* de *crainte,* fait entre les divers gouvernements, le meilleur lot est échu à la république, et son partage a été la *vertu. À* la vérité, l'auteur, qui craint la méprise, parce qu'il la prévoit, a soin d'annoncer, et plus d'une fois, qu'il ne parle que des *vertus* politiques, et non des *vertus* religieuses ; mais outre que toutes les *vertus* sont et doivent être à la fois des vertus religieuses et politiques, il faut éviter les distinctions sur le mot de *vertu,* comme sur la *vertu* même ; parce que ceux qui n'entendent pas l'auteur, et qui cependant l'admirent, se sont accoutumés à croire sur parole, qu'il ne pouvait exister de *vertu* en général que dans les États populaires ; et ceux qui ne l'entendent que trop, se sont persuadés et ont persuadé à d'autres qu'il n'y avait de *vertus* nécessaires à pratiquer que les vertus politiques, et qu'un citoyen avait rempli tous ses devoirs et accompli toute justice, par un amour spéculatif ou pratique de sa patrie, pourvu toutefois qu'elle fût gouvernée démocratiquement : erreur funeste, qui, réduisant tous les devoirs, toutes les vertus qui font le bonheur de l'homme et l'ornement de la société, à l'amour exclusif de sa patrie, n'est trop souvent que le masque de l'ambition des chefs et l'excuse de la férocité des peuples.

... C'est parce que l'homme doit combattre ses propres passions, et se défendre de celles des autres, qu'il a fallu des gouvernements et des lois.

Le gouvernement qui suppose les hommes vertueux et sans passions, n'établit aucunes lois pour en prévenir ou en arrêter l'effet ; il doit donc périr par ces mêmes passions qu'il n'a pas prévues. « L'abus du pouvoir, dit *l'Esprit des lois,* est plus grand dans une république, parce que les lois qui ne l'ont point prévu n'ont rien fait pour l'arrêter. » Ce gouvernement ne convient donc pas à la société humaine, puisqu'il ne suppose pas l'homme tel qu'il est. Aussi Rousseau dit-il qu'il ne convient qu'à des dieux : ce qui est dire qu'il ne convient à personne.

Le gouvernement, au contraire, qui, supposant à l'homme des passions, établit des lois pour les contenir, *qui subsiste indépendamment* de ces vertus héroïques dont l'homme est si rarement partagé, convient donc parfaitement à la nature de l'homme, et remplit le but de la société, qui est de *conserver* l'homme, ou de le rendre heureux par la répression de toutes les passions, qui font son malheur et celui de ses semblables. Il assure donc l'existence et la conservation de la société, il est sa constitution. Il n'est pas vrai *que les lois y tiennent la place de toutes les vertus ; mais* les lois y répriment tous les vices.

Si l'État populaire est exclusivement la patrie des vertus héroïques, et qu'il ne puisse subsister sans elles, je défie qu'on m'explique pourquoi ces mêmes *vertus y sont* presque toujours l'objet de la plus noire ingratitude et de la persécution la plus injuste. Je ne crains pas de l'avouer ; en admirant ces vertus héroïques dont les écrivains de l'antiquité, emportés par le goût du merveilleux, et par leur amour pour leur patrie, nous ont fait un si pompeux étalage, je me rappelle involontairement que, dans une autre république, des écrivains ont prodigué à Robespierre et à ses dignes amis le titre de *vertueux* ; et je frémis de penser que si ce parti eût pu triompher, la postérité abusée les eût regardés peut-être comme des Sully ou des Fénelon.

Si l'on voulait porter le flambeau, je ne dis pas du christianisme, mais de la saine morale dans la conduite privée de ces hommes, dont l'antiquité se glorifie, et suivre ces héros de théâtre derrière les coulisses, on verrait trop souvent les déplorables faiblesses de l'homme succéder aux vertus gigantesques du citoyen....

Quel est le caractère distinctif et spécial de la société constituée, ou de la monarchie ? La distinction des professions. Le moyen ou le ressort de la monarchie sera donc le moyen ou le ressort particulier de chaque profession, et le moyen ou le ressort commun et général de toutes les professions. Or ce ressort est l'honneur, et l'honneur est la *vertu* propre de chaque profession et la *vertu* commune de toutes les professions. Ainsi *l'honneur* dans l'homme d'église est la décence et la gravité, dans l'homme d'épée la bravoure, dans le magistrat l'intégrité, dans le gentilhomme la loyauté, dans l'homme de lettres la vérité, dans le commerçant la bonne foi, dans l'artiste même le bon usage de son talent. *L'honneur français* est la

Louis de Bonald

fidélité à son roi ou, ce qui est la même chose, à sa patrie : *l'honneur* d'une femme est une conduite irréprochable. *L'honneur* est donc la vertu de chaque profession, et de toutes les professions ; car toutes disent : *mon honneur,* quoique chacune le fasse consister dans une qualité différente.

Dans les républiques, où tous les éléments de la société mêlés et confondus étaient emportés dans un tourbillon de passions violentes, allumées par de grands intérêts, on voyait fréquemment des vertus hors de leur place naturelle, et elles en étaient plus remarquées. On admirait la continence d'un guerrier et le courage d'une femme ; c'étaient les vertus de l'homme et non celles de la profession, les mœurs privées et non les mœurs publiques ; mais aussi l'on trouvait souvent l'ambition du *pouvoir* suprême dans un général, et l'esprit de faction dans un magistrat. Règle générale, les républiques périssent par la corruption des individus, et les monarchies par la corruption des professions, c'est-à-dire, que les sociétés non constituées périssent par la dépravation des mœurs privées, et les sociétés constituées, par l'altération des mœurs publiques. À Rome, dans les derniers temps de la république, la corruption des mœurs privées était à son comble : en France, les mœurs privées étaient meilleures de nos jours que sous Henri III et la régence ; mais l'esprit des professions ou les mœurs publiques s'étaient extrêmement altérées : et lorsqu'on voyait dans une monarchie toutes les professions se confondre dans les clubs, et y perdre leur esprit particulier, le ministre de la religion devenir *administrateur ou académicien ;* le militaire, bel esprit ; le magistrat, philosophe ; la noblesse, avide d'argent ; le commerçant, *agioteur ;* et les sociétés littéraires, devenues les dépositaires de l'instruction et de la morale publiques, décerner des prix aux actions louables et un tarif à la vertu ; il ne fallait pas une extrême sagacité pour prévoir une révolution.

Les monarchies ont ce grand avantage sur les républiques, que le gouvernement peut toujours empêcher l'altération des mœurs publiques ou la corruption des professions ; mais les mœurs privées ne sont pas de son ressort, et ne lui donnent pas la même prise. Au reste, je ne borne pas la signification de ce mot *mœurs* à celle qu'on lui donne communément, quand on dit d'un homme qu'il a de *mauvaises mœurs ; ce* genre de corruption est plus funeste à l'homme que nuisible à la société, et il n'est pas impossible à un gouvernement attentif, et qui se donne la peine de veiller sur l'homme moral comme sur l'homme physique, d'en ôter le scandale, et de rendre les mœurs plus décentes, et par conséquent meilleures ; mais la corruption vraiment à redouter pour la société, parce qu'elle y éteint tout esprit publie, tout sentiment généreux, qu'elle flétrit l'âme et dessèche le cœur, est le goût immodéré des richesses. Dans les monarchies, cette passion trouve un correctif dans les mœurs qui permettent le luxe au citoyen, ou qui honorent la pauvreté dans le noble ; mais dans les républiques, dans lesquelles toutes les institutions favorisent l'acquisition des richesses par le commerce, et où les mœurs, et souvent les lois, en interdisent l'emploi par le luxe, elle est devenue une avarice insatiable, dont les progrès sont d'autant plus effrayants qu'ils sont moins aperçus.

Je reviens à la vertu publique ou à l'honneur, ressort des monarchies. La constitution, qui ordonne tout avec sagesse, ne cherche donc pas à forcer la nature de l'homme en lui inspirant le goût de la vertu pour la vertu même, perfection idéale à laquelle la religion même ne nous élève pas ; mais elle substitue à cette brillante chimère le désir de la gloire, la crainte de l'infamie. L'honneur est dans la monarchie ce qu'était la censure chez les Romains ; avec cette différence, que confiée à toute une nation, elle ne peut être abolie ou usurpée. L'honneur peut avoir ses excès, mais un gouvernement qui *gouverne,* doit en réprimer les écarts et peut quelquefois armer avec succès l'honneur contre *l'honneur* même.

On reproche à l'honneur d'épargner un coupable pour étouffer une faiblesse, et d'étendre sur les familles la honte du châtiment. C'est une conséquence *nécessaire* de la constitution, qui ne considère jamais l'individu, mais la famille, et qui ne considère les familles que dans les professions. Ce qui fait que le crime de l'individu est celui de la famille, et que le crime de la famille retombe sur la profession ; et comme la profession est nécessaire à la conservation de la société, tout ce qui peut l'avilir diminue sa force et son utilité.

17. Pouvoirs législatif, exécutif, judiciaire

Louis de Bonald

Il est temps d'aborder la célèbre question de la division des pouvoirs, dogme fondamental de la politique moderne. Avec les principes que j'ai posés, je puis la simplifier, et peut-être la résoudre.

« Il y a dans chaque État, dit Montesquieu, trois sortes de pouvoirs : la puissance législative, la puissance exécutive des choses qui dépendent des droits des gens, et la puissance exécutive de celles qui dépendent du droit civil. Cette dernière puissance s'appelle aussi pouvoir judiciaire. » *(Esprit des lois, 1. II, ch. 6).*

Le pouvoir judiciaire n'est pas un pouvoir : « De ces trois puissances, dit Montesquieu, celle de juger est, en quelque façon, nulle. »

« La puissance exécutrice, pour l'administration intérieure, doit être dans les mains d'un monarque, puisque cette partie du gouvernement, qui a presque toujours besoin d'une action momentanée, est mieux administrée par un que par plusieurs. » *(Esprit des lois).*

Jusqu'ici je suis d'accord avec Montesquieu, parce que nous nous accordons tous les deux avec la nature.

Il ne reste plus à examiner que la puissance ou le pouvoir législatif, selon les modernes législateurs, ce que j'appelle la fonction législative : car, comme je l'ai déjà dit, je ne reconnais dans la société, comme dans l'univers, qu'un *pouvoir,* le *pouvoir* conservateur dont les puissances législative, exécutive et judiciaire, ne sont que des modifications ou des fonctions.

Qu'est-ce que des lois ?

Les lois, selon Montesquieu, *sont les rapports nécessaires qui dérivent de la nature des choses.* J'admets cette définition, et je dis : Les lois fondamentales, les lois politiques, les lois civiles, intérieures ou extérieures, sont donc des rapports qui dérivent *nécessairement de la nature des choses.*

1° Les lois fondamentales dans la société civile sont les rapports *nécessaires* qui dérivent

De la nature de l'homme intelligent et physique c'est la religion publique, ou le culte de l'unité de Dieu ;

De la nature de l'homme physique et intelligent ! c'est la monarchie royale ou le gouvernement de l'unité de pouvoir ;

De la nature du *pouvoir* religieux et de celle du pouvoir politique : ce sont les distinctions ou professions sociales, force publique, conservatrice des deux sociétés.

Or, la nature de l'homme intelligent et physique, la nature du *pouvoir* religieux et celle du *pouvoir* politique, sont immuables, nécessaires : donc il ne faut pas de *pouvoir* législatif pour faire des lois fondamentales.

2° Les lois politiques sont des conséquences *nécessaires* des lois fondamentales, des rapports dérivés de la nature de la société, puisqu'elles sont l'application des lois fondamentales à la société. Dans une société constituée, ces rapports, comme nous l'avons fait voir, sont *nécessaires,* et s'ils ne l'étaient pas, la société ne serait pas constituée. Or, bien loin qu'il faille un pouvoir humain pour établir des rapports *nécessaires,* le pouvoir de l'homme ne fait que retarder l'ouvrage de la nature, et empêcher qu'elle n'établisse des rapports *nécessaires,* en en établissant lui-même qui ne le sont pas. De là vient la nécessité d'un homme, comme *législateur,* dans les sociétés qui ne veulent pas de la nature pour *législatrice ; il* ne faut donc pas de pouvoir législatif pour faire des lois politiques.

3° Les lois civiles fixent les relations des citoyens entre eux, relativement à la conservation et à la transmission de leurs propriétés respectives, morales ou physiques ; or ces rapports dérivent nécessairement de la nature des professions et de la nature des propriétés. Mais les professions comme les propriétés sont de différente nature donc les rapports entre elles seront différents mais ces différences seront *nécessaires,* parce qu'elles seront elles-mêmes de nouveaux rapports entre les êtres.

... Si les lois sont des rapports *nécessaires qui dérivent de la nature des choses,* ces rapports s'établissent *nécessairement.* La nature fait donc les lois dans une société constituée : mais comment fait-elle des lois ? de deux manières :

1° Elle introduit dans la société des coutumes qui acquièrent force de loi. En France toutes nos lois politiques n'étaient que des coutumes dont on ne pouvait assigner l'époque, ni fixer l'origine.

2° Elle indique à la société le vice d'une loi défectueuse ou incomplète, par le caractère des troubles dont elle est agitée ; comme dans le corps humain, elle indique l'espèce de remède

Louis de Bonald

par le genre de la maladie. Ainsi l'on peut apercevoir la cause des troubles qui agitent la Pologne, dans le vice de sa loi politique sur la succession au trône ; la cause des révolutions fréquentes de la Suède, dans le vice de sa loi politique qui fait un *pouvoir* de chaque ordre de l'État ; et l'origine de la guerre qui s'éleva en Espagne pour la succession à la couronne, dans l'imperfection de la loi politique qui rend les femmes habiles à succéder.

Ainsi la nature doit être le seul *pouvoir* législatif des sociétés ; et elle est effectivement l'unique législateur des sociétés constituées, dont le pouvoir général n'a autre chose à faire qu'à rédiger, en loi écrite, les coutumes qu'a établies la volonté générale de la société ou la nature, ou à faire les changements dont elle indique le besoin. Le *pouvoir* général ou le monarque, en remplissant cette fonction, manifeste donc la volonté générale dont il est l'exercice et l'organe, puisqu'une coutume n'a acquis force de loi dans une société constituée, que parce que la société a eu la volonté générale de la suivre. Dans la société constituée, le *souverain* est la volonté générale on la nature, et son ministre est le monarque ou le *gouvernement*. La monarchie est donc le seul *gouvernement* légitime, puisqu'il est le seul où le *souverain,* la nature, ne puisse, sous aucun rapport, se confondre avec le *gouvernement,* qui est le monarque. Dans une république, où le pouvoir réside dans le sénat, ou dans le peuple, le *souverain* nomme le *gouvernement, ou* ce qu'on appelle le pouvoir exécutif. Non seulement il en nomme les membres, mais il établit des lois qui déterminent ses fonctions, tracent sa marche, règlent son action : or un *pouvoir* qui donne des lois à un autre pouvoir, qui détermine toutes ses fonctions, règle son action, trace sa marche, nomme les membres qui l'exercent, et les destitue s'ils s'écartent des règles qu'il leur a tracées, se confond avec lui, et leur séparation ou distinction est purement idéale....

Les hommes n'ont donc pas de nouvelles lois à faire dans une société constituée. Ils sentaient bien cette vérité, les novateurs qui ont bouleversé la France, lorsque, pour créer le besoin d'un *pouvoir législatif* qu'ils pussent eux-mêmes exercer, ils supposaient à la France le besoin de lois fondamentales, le besoin de lois politiques, le besoin de lois civiles, le besoin de lois criminelles, le besoin même de lois religieuses : comme si une société politique ou une société religieuse eussent pu *se conserver,* même un seul instant, sans des lois, et sans toutes les lois nécessaires à leur *conservation*.

Dans une société non constituée, principalement dans la démocratie, où il y a un corps législatif qui est le peuple, il peut se faire sans cesse, et il se fait fréquemment de nouvelles lois, parce que le législateur aura sans cesse de nouvelles volontés, et se décidera fréquemment, d'après de nouvelles convenances : et comme il n'y a rien de fondamental, rien de *nécessaire* dans les lois elles-mêmes, il n'y aura rien de fixe dans les formes avec lesquelles on fera des lois. Le législateur pourra non seulement changer la loi, mais encore changer la forme, qui est bien moins respectable que la loi ; en sorte qu'on ne pourra reconnaître, à aucun caractère certain et légal, si sa volonté a été, ou non, suffisamment éclairée. Donnons-en un exemple. La loi politique de toutes les sociétés institue des tribunaux pour prononcer sur la vie et les propriétés des citoyens. Dans une société constituée, cette institution est une conséquence nécessaire de la loi fondamentale de l'unité de pouvoir, et de celle des distinctions de professions ; elle y est même devenue loi fondamentale. Les offices dans ces tribunaux sont inamovibles, et les officiers indépendants de l'homme-roi.

Dans la démocratie, les offices sont amovibles, et les tribunaux ne sont fixes qu'autant qu'il plait au peuple souverain de ne pas les déplacer. Ainsi lorsque le peuple veut disposer de la vie ou de la propriété d'un citoyen, il change la loi politique, on plutôt il en porte une autre : et comme dans la monarchie le roi renvoie le prévenu devant les tribunaux établis pour le juger, le peuple souverain suspend par un acte de son *pouvoir* législatif les tribunaux, les juges et jusqu'à l'exécution des jugements ; il évoque à lui seul la connaissance de l'affaire, et s'attribue presque toujours la punition du délit. Et qu'on ne dise pas qu'il n'observe point, en portant cette nouvelle loi, les formes prescrites ; ces formes ne sont elles-mêmes que des lois qu'il a faites, et qu'il lui plaît également de changer.

J'oserais même dire que cette volonté nouvelle a autant le caractère de l'unanimité et de la généralité, qu'aucune autre volonté de ce législateur absolu ; et quiconque a eu sous les yeux le terrible spectacle d'un peuple prêt à exercer un acte de sa pré-tendue souveraineté dans les fonctions *judiciaires* et exécutives, a pu remarquer que jamais sa volonté ne se prononce par des signes plus expressifs, moins équivoques, et en apparence plus unanimes. Si l'on prétendait que ce n'est qu'une partie du peuple, qui, dans le cas que je suppose, a exercé le pouvoir législatif, je répondrais que, dans une république, ce n'est jamais qu'une partie du peuple qui fait les lois, et qu'il ne s'en ferait aucune, si l'unanimité absolue des opinions était requise.

18. Impôt

L'impôt est un déplacement d'une partie de la propriété du sujet, fait au nom de la société et pour sa conservation.

La loi sur l'impôt est donc un rapport *nécessaire* qui dérive de la nature de la propriété et de la nature de la société. La nécessité de l'impôt n'est pas contestée ; une société ne peut exister sans besoins, elle ne peut satisfaire aux besoins sans dépenses, ni solder les dépenses sans impôts.

Dans l'impôt réduit à son véritable et seul objet, celui d'assurer la conservation de la société au dedans et au dehors, je considère six choses : la demande, l'octroi, la répartition, la perception, l'emploi, le compte.

Rien ne prouve combien l'organisation d'une société constituée est dans la nature des choses, comme l'analyse que je vais présenter.

1° Le pouvoir demande ; car il est dans la nature que le pouvoir conservateur de la société connaisse parfaitement ce qui est nécessaire à la conservation de la société.

2° La société-propriétaire représentée par les États généraux octroie ou accorde ; car il est dans la nature que le propriétaire connaisse parfaitement ce qu'il peut donner de sa propriété, et sous quelle forme il lui convient de le donner.

3° Le pouvoir répartit, perçoit, dépense, rend compte par ses différents agents ; car nul ne peut mieux percevoir que celui qui répartit, ni rendre compte que celui qui dépense.

4° La société approuve la répartition, surveille la perception, reçoit le compte par ses officiers ; car nul autre ne peut mieux approuver la répartition que celui qui doit payer, surveiller la perception que celui qui paie, recevoir le compte que celui qui a payé.

Ainsi en France, les rois avaient demandé les tailles, les gabelles, les droits d'aide ; les États généraux les avaient octroyés ou tacitement approuvés. La répartition, la perception et l'emploi étaient faits et le compte rendu par les agents du pouvoir comptables à la société ; la répartition était approuvée, la perception surveillée et le compte reçu par les officiers ou agents de la société indépendants du roi dans leurs fonctions ; je veux dire, par les cours souveraines des Aides et les chambres souveraines des Comptes. Je vois des rapports nécessaires entre les êtres ; entre le pouvoir et ses fonctions, entre le propriétaire et ses droits ; je vois la nature dans ces rapports nécessaires, et dans la nature, je vois la constitution des sociétés.

Louis XIV déclare en plein conseil, au rapport du chancelier de Pontchartrain, qu'il n'a pas le droit d'établir un impôt sans le consentement de la nation, et il établit, sans elle, la capitation ; violation des lois que le malheur des temps semble excuser. Parce que le pouvoir seul l'avait établie, le pouvoir seul en faisait la répartition et l'approuvait, en faisait la perception et la surveillait par son commissaire : ce qui était contre la nature, parce que l'établissement de l'impôt était contre la constitution, et l'impôt lui-même contre la nature de l'homme. En effet, il est dans la nature de la société, que la propriété seule soit la matière de l'impôt, et il est contre la dignité de l'homme qu'il soit soumis à un tribut par tête : aussi la capitation, inconstitutionnelle dans son établissement, vicieuse dans son principe, est souvent injuste dans sa répartition, et funeste dans ses effets ; elle est, pour chaque article, une énigme à deviner ou un problème à résoudre, puisque le répartiteur, ou pour mieux dire, l'inquisiteur cherche à connaître ce que tous cherchent à cacher ; elle est une source d'injustices, une occasion de vengeance, une cause de murmures ; elle entretient une guerre sourde entre le citoyen et ses magistrats immédiats, et je crois qu'elle n'eût jamais été consentie par la nation.

Je ne parle que de la capitation telle qu'elle est établie dans les pays de taille réelle, où elle est distinguée de l'impôt foncier ou territorial.

Les principes que je viens d'exposer reçoivent des modifications indispensables.

Les besoins de la société qui sont l'objet de l'impôt sont fixes ou accidentels ; l'impôt doit être fixe ou accidentel comme son objet.

Tant que le nombre des hommes, ou la somme des propriétés, n'augmente ni ne diminue dans une société, par une cause étrangère, comme par une cession on une acquisition de territoire, les frais d'administration restent les mêmes ; et tant que la force militaire des nations voisines ne reçoit point d'accroissement extraordinaire, les frais de défense de la société restent aussi les mêmes, et par conséquent les besoins de la société, l'objet de l'impôt, et l'impôt lui-même ne peuvent changer.

Si l'objet de l'impôt et l'impôt sont fixes, la demande une fois faite par le pouvoir de l'État, et le consentement une fois donné par la nation, il n'y a plus, pour l'impôt fixe, ni nouvelle demande à former de la part du souverain, ni, par conséquent, nouveau consentement à accorder de la part de la nation.

Or toutes les fois que, dans une société, l'on voit des impôts établis pour des besoins fixes et permanents, on peut, on doit supposer qu'ils ont été volontairement accordés par la société, sur la demande du pouvoir : car si la société n'eût pas accordé l'impôt qu'exigeait sa *conservation,* elle n'aurait pu se *conserver.*

Mais si la société a partout des besoins fixes et constants, l'impôt, tel qu'il est établi dans toute l'Europe, est variable, puisque sa valeur décroît à mesure que le prix des denrées augmente par l'abondance du numéraire. À un objet fixe d'impôt répond donc un impôt variable ; bien loin de voir dans cette loi un rapport *nécessaire qui dérive de la nature des choses, j'y vois* un rapport *-non nécessaire et contraire à la nature des êtres,* puisqu'il y a contradiction formelle entre la loi et son objet. J'en conclus que la loi est mauvaise, et je ne crains pas d'attribuer à son imperfection une partie des malheurs de la France ; « parce que, dit l'auteur du *Contrat social, si* le législateur, se trompant dans son objet, prend un principe *différent de celui qui naît de la nature des choses,* l'État ne cessera d'être agité jusqu'à ce que le principe soit détruit ou changé, et que l'invincible nature ait repris son empire » En effet, parce que la valeur de l'impôt allait toujours décroissant, l'administration voulait le soutenir à la hauteur des besoins ; et, parce qu'elle ne voulait pas assembler les États généraux, elle s'adressait aux parlements ; et parce que ces corps n'étaient pas toujours disposés à enregistrer des lois fiscales, soit par le sentiment de leur incompétence, ou pour ne pas aigrir la nation, le gouvernement recourait à la ressource ruineuse des emprunts viagers ou perpétuels, des anticipations, des taxes sur les offices, des augmentations sourdes d'impôts directs ou indirects, etc., etc.

Mais s'il faut un impôt fixe, comme son objet, constant comme les besoins, un impôt dont la valeur s'élève ou décroisse progressivement avec le prix des denrées, et qui fixé une fois se soutienne toujours à la hauteur des dépenses, je ne vois que l'impôt en nature de productions territoriales qui puisse remplir toutes ces conditions ; et j'en conclus rigoureusement que la loi de l'impôt en nature est du petit nombre des lois politiques qui manquaient à la perfection de la constitution de la France : et malgré les objections qu'on accumule contre cet impôt, il n'est point de difficultés de perception qu'une volonté ferme et éclairée ne fît disparaître.

Mais si la société vient à déclarer la guerre, si des mouvements hostiles de la part de ses voisins exigent de la sienne une augmentation ou une démonstration de force, si le soin d'embellir son existence, qui doit entrer aussi dans le plan de sa conservation, demande qu'on creuse des canaux ou des ports, qu'on construise des chemins, qu'on élève des édifices publics, etc. ; comme tous ces besoins sont accidentels, l'impôt doit être accidentel aussi, et cesser avec l'objet qui l'a fait naître. Cependant, on peut dans une grande société, où il y a toujours des ouvrages publics à faire ou à entretenir, mettre ces besoins au nombre des besoins fixes, et accorder, sauf le compte, une somme déterminée pour cet objet : et l'on peut, l'on doit réduire les besoins accidentels au seul cas de guerre imminente ou déclarée.

Une fois que l'impôt permanent qu'exigent les besoins fixes et ordinaires est fixé, la nation, dans une société constituée, n'a donc autre chose à faire qu'à accorder, sur la demande du monarque, l'impôt extraordinaire et temporaire, surveiller la perception et vérifier l'emploi de cet impôt, comme de l'impôt fixe. Elle remplit le premier objet par les assemblées générales, ou États généraux, et le second par les officiers particuliers indépendants de tout pouvoir particulier dans l'exercice de leurs fonctions.

Louis de Bonald

19. Constitution d'Angleterre

En exposant mes principes sur la perfection des sociétés purement monarchiques ou constituées, j'ai dû m'attendre que les nombreux partisans des monarchies mixtes m'opposeraient l'Angleterre et sa prospérité. J'ai déjà laissé entrevoir que l'Angleterre se trouvait dans des circonstances particulières à elle seule : j'oserai développer ici une opinion qui n'est peut-être ni hardie, ni nouvelle.

En Angleterre il y a deux pouvoirs, parce qu'il y a deux sociétés. Il y a une société politique constituée ou monarchique, avec ses lois fondamentales, sa religion publique, son pouvoir unique, ses distinctions sociales permanentes. Il y a une société de commerce la plus étendue qu'il y ait dans l'univers ; car l'État est commerçant en Angleterre, et n'est proprement commerçant qu'en Angleterre.

Dans cette dernière société, le pouvoir est nécessairement séparé du *pouvoir* de la société politique ; parce que dans celle-ci le pouvoir est unique, dans l'autre il est collectif par la nature même de la société commerçante. En effet, ce n'est pas *une opposition d'intérêts particuliers et de volontés opposées, qui a rendu nécessaire l'établissement de cette société,* mais une réunion libre d'intérêts communs et de volontés unanimes qui l'a *rendu possible.*

Ces deux sociétés se confondront à certains égards, et se distingueront à d'autres. Au pouvoir de la société politique appartiendront les relations extérieures, les alliances, le droit de guerre et de paix : au-dedans, il aura la plénitude des fonctions exécutives, la direction de la force publique, le soin de la tranquillité intérieure, l'administration suprême de la justice, en un mot, il aura l'attribution et les fonctions des autres monarques : mais il ne pourra lever aucun impôt, même pour les besoins ordinaires et permanents, sans le consentement de l'autre pouvoir ; il sera dépendant dans ses dépenses personnelles, parce qu'il ne sera pas propriétaire, mais pensionné ; il sera tenu de rendre compte des dépenses publiques au pouvoir de la société commerçante, et cette loi ne pourra être éludée ni enfreinte, parce que la société commerçante a un intérêt très pressant à ce que le pouvoir de la société politique ne dissipe pas la fortune publique qui forme les capitaux de son commerce.

Au pouvoir de la société commerçante appartiendra la faculté d'accorder l'impôt, et de concourir à la législation, parce que toutes les lois qu'il y aura à faire dans cet État, auront de près ou de loin rapport au commerce, unique objet de la société commerçante.

Le roi ne pourra faire des lois, ni pour l'une ni pour l'autre de ces sociétés ; car il serait à craindre qu'à la faveur de l'autorité que lui donne son pouvoir politique, il ne voulût maîtriser la société commerçante, ce qui détruirait infailliblement une société dont l'essence est d'être arbitre de ses opérations. Mais si le roi n'a pas la faculté de faire des lois, il a celle d'empêcher que l'autre pouvoir n'en fasse, parce qu'il serait à craindre que le pouvoir de la société commerçante, redoutable parce qu'il dispose de l'impôt, agresseur parce qu'il n'est pas constitué et qu'il est formé de plusieurs pouvoirs particuliers, ne voulût empiéter sur le pouvoir politique. Les professions distinguées, sacerdotale et militaire, auront part au pouvoir législatif, parce que leurs membres seront actionnaires, dans le commerce de l'État, comme les autres membres de la société. Ainsi l'individu sera pouvoir dans la société commerçante, et sujet revêtu d'une fonction sociale ou distinguée dans la société politique ou religieuse ; et pour cette raison, il pourra être commerçant, sans Cesser d'être distingué.

La société commerçante sera puissante, parce qu'elle sera riche : la société politique sera forte, parce qu'elle empruntera sa force de la richesse de l'autre société.

Ce gouvernement sans modèle, parce que cette double société est sans exemple, sera florissant tant que chaque pouvoir se contiendra dans ses bornes ; mais il sera orageux et agité, parce que l'un cherchera toujours à entreprendre sur l'autre.

Le pouvoir de la société politique entreprendra sur le pouvoir de la société commerçante, par la tendance naturelle qu'a toute société à se dégager des obstacles qui s'opposent à sa parfaite constitution ; le pouvoir de la société commerçante entreprendra sur le pouvoir de la société politique, par le principe d'inquiétude et d'agression naturel aux sociétés non constituées ou républicaines.

Cet État serait funeste à ses voisins, puisqu'il les attaquerait avec les passions d'une république, et qu'il se défendrait contre l'agression avec la force de résistance d'une monarchie ; mais parce que les institutions de l'homme affaiblissent, par leur mélange, la constitution de la nature, cet État montrera toujours plus d'ambition que de forces réelles, et il aura plus de vigueur pour attaquer que d'énergie pour se défendre.

Une observation importante et peut-être décisive, est que ce n'est que depuis que le commerce a pris en Europe une grande faveur, et qu'on a voulu en faire, souvent malgré la nature, la fin et le moyen de tous les gouvernements, que les politiques modernes ont insisté sur la nécessité de ce qu'ils appellent la division des pouvoirs et la création d'un pouvoir législatif séparé : preuve évidente que c'est à la réunion d'une société commerçante à la société politique, que l'Angleterre doit cette législation particulière qui *déconstitue* la société politique pour constituer la société mercantile, qui ôte au monarque le pouvoir de faire, et ne lui laisse que le pouvoir d'empêcher, qui lui donne la direction de la force publique, et peut lui refuser les moyens de la mettre en mouvement, et qui ne laissant ainsi à la volonté générale qu'un pouvoir négatif, la met hors d'état de remplir parfaitement la fin de toute société ; constitution que la foule admire, parce que l'administration est sage et habile ; société où elle croit beaucoup de *vie,* parce qu'elle y voit beaucoup de *mouvement,* et où elle trouve beaucoup de bonheur, parce qu'elle y voit de grandes richesses.

La preuve que la constitution d'Angleterre est insuffisante pour assurer la conservation de la société, est qu'on est obligé d'y déroger toutes les fois que la sûreté intérieure de l'État est menacée, et d'étendre le pouvoir général, en restreignant les pouvoirs particuliers : mais il est aisé de voir que cette mesure, quoique indispensable, est un danger de plus ; puisqu'elle doit être votée, presque toujours, par ceux mêmes dont il faut restreindre les pouvoirs, et qu'elle met nécessairement aux prises le pouvoir général et les pouvoirs particuliers...

20. De l'influence des climats sur les qualités morales ou physiques de l'homme

Je ne puis traiter du caractère national des divers peuples sans m'arrêter sur l'effet du climat, auquel Montesquieu, et d'autres, à son exemple, attribuent une influence si marquée sur le caractère et les mœurs des hommes. En faisant de l'homme une production végétale soumise aux propriétés du terroir et à l'action de l'air, ils ont avili sa dignité, dégradé ses vertus, justifié ses vices, et délié le gouvernement de ses devoirs. je considère l'homme comme un être intelligent roi de l'univers et de tout ce qu'il renferme, il ne peut, dans ses facultés morales, rien tenir de cette terre qu'il foule aux pieds, ni de cet air qu'il fait servir à ses besoins : supérieur à tous les objets sensibles, l'être intelligent ne peut rien devoir qu'à des êtres intelligents comme lui ; son physique même ne dépend que très peu de ces causes extérieures. « Dans l'espèce humaine, dit Buffon, l'influence des climats ne se marque que par des variétés assez légères ; l'espèce *humaine est une :* comme il est fait pour régner sur la terre, que le globe entier est son domaine, il semble que la nature se soit prêtée à toutes les situations. »

Mais si l'on ne doit pas croire à l'effet des climats sur l'homme physique, et bien moins encore sur l'homme moral, on ne peut s'empêcher d'attribuer beaucoup d'influence à la transmission héréditaire, c'est-à-dire que les mœurs et le caractère d'un peuple se forment par les institutions religieuses et politiques : « Ce sont, dit Rousseau, les institutions nationales qui forment le génie, le caractère, les goûts et les mœurs d'un peuple » et une fois le caractère et les mœurs formés par les institutions, si un gouvernement qui *gouverne* a soin de conserver les institutions dans toute leur pureté, les habitudes de la nation se maintiennent, les qualités se transmettent par la succession, se développent par l'imitation, se forment par l'éducation, et le caractère national se conserve. En vain l'esprit de parti s'efforce d'obscurcir des vérités aussi sensibles ; on démêle, dans les vues profondes de la philosophie, le motif pour lequel elle refuse à *la transmission héréditaire* l'effet qu'elle accorde au climat ; l'aveu qu'il y a, dans l'homme social, quelque chose de *transmissible, par l'hérédité* l'entraînerait à des conséquences qu'elle veut éviter.

Les faits prononceront entre les opinions. On n'attribuera pas sans doute à l'influence du climat les qualités purement morales, la bonne foi de l'Espagnol, fameuse dans tous les temps, la franchise du Germain, l'inconstance du Gaulois, l'humeur vindicative du Corse ; on ne peut rejeter sur la latitude l'avarice particulière à

Louis de Bonald

certains peuples, la fourberie naturelle à d'autres. Quelles heureuses zones que celles qui ne produiraient que des vertus ; quels affreux climats que ceux qui ne feraient éclore que des vices !

Les qualités bonnes ou mauvaises sont héréditaires chez les peuples, comme elles le sont dans les familles. J'en atteste l'expérience ; il n'est personne qui ne connaisse de bonnes et de mauvaises races : des familles où dans toutes les générations, on est violent, opiniâtre, faux, borné, d'autres où l'on est sincère, spirituel, humain.

L'éducation corrige ou développe, mais ne peut détruire les effets de la transmision héréditaire. Qui doute que le sauvage qui se serait distingué entre ses compatriotes par un génie plus inventif, transporté enfant dans nos climats, instruit dans nos arts, ne devînt un Européen spirituel ; et qu'un Européen, à qui la nature aurait refusé des talents, transporté jeune au milieu des sauvages, ne fît un Indien simple et borné ?

Dans les diverses parties de l'Europe, les peuples qui ont des institutions presque semblables et reçoivent à peu près la même éducation, ont produit à peu près le même nombre d'hommes distingués dans les diverses professions. Ces opinions vulgaires sur le peu d'intelligence des habitants de certaines contrées, comme des Béotiens dans la Grèce, fondées uniquement sur des *dictons* populaires ou des rivalités entre voisins, sont entièrement fausses. On veut que l'Italie soit exclusivement la patrie des arts ; on fait honneur à son heureux climat de cette organisation sensible et flexible ; et les uns, en raisonnant doctement sur les fibres plus ou moins lâches, croient donner des explications que d'autres croient comprendre : mais, à l'égard des arts d'imitation, tels que la peinture, la sculpture, l'architecture, il est évident que là où les richesses et le luxe auront accumulé plus de chefs-d'œuvre et depuis plus de temps, il y aura plus d'admirateurs, plus d'amateurs, plus d'artistes. Cette impulsion, une fois donnée, se transmet par la succession, se développe par l'imitation, se perfectionne par l'éducation ; et si l'on supposait, dans toute autre partie de l'Europe et depuis le même temps, les mêmes modèles, on y verrait régner les mêmes goûts. J'en appelle à l'expérience : quels climats plus opposés que ceux de la Flandre et de l'Italie ? Et cependant l'école de peinture flamande a rivalisé avec, l'école romaine. Veut-on, dans un autre genre, un exemple encore plus frappant, parce qu'il est plus général, et que son objet paraîtrait devoir tenir de la température du climat ? Le goût de la musique est naturel à l'Italien et à l'Allemand, peuples situées sous des climats bien différents. Ce goût, chez l'un et chez l'autre, tient à des institutions semblables. Pourquoi, sous le beau ciel de l'Italie, les Romains eurent-ils si longtemps tant de mépris pour les arts ? Pourquoi, dans l'heureux climat de la Grèce, les Grecs modernes ou les Turcs n'ont-ils plus le goût pour l'imitation de la belle nature ? La poésie est de tous les peuples, de tous les temps, de tous les climats, et partout la même, quant aux sentiments ; elle ne diffère que par les images. Les bords glacés de la Néwa ont retenti de chants qui avaient l'élévation et le feu des chants de Pindare ; ils ont entendu des accords qui avaient, dit-on, la mollesse et la douceur de ceux de Racine.

L'auteur de l'Esprit *des lois* veut que les peuples du Nord aient plus de masse et une taille plus avantageuse que les peuples du Midi ; cela n'est vrai que des nations germaines d'origine, chez lesquelles cette taille est héréditaire, et Tacite le remarque. Mais cela n'est pas vrai des Russes, des Suédois, encore moins des Lapons, peuples que Buffon croit de la même race que les plus septentrionaux. Si les Germains doivent à une plus grande quantité d'aliments, et à des boissons plus nourrissantes, plus de taille et d'embonpoint, les peuples du midi sont plus nerveux, plus agiles, [et] le Basque ou le Catalan auraient certainement de l'avantage à la course, à la lutte, sur le Hollandais ou le Danois.

L'histoire ne s'accorde pas mieux avec cette théorie qui calcule les degrés de force et de courage sur les degrés de froid du climat. jusqu'à la destruction de l'empire romain, le midi avait triomphé du nord, puisque les Romains avaient soumis l'univers. César et d'autres après lui, battirent les Bretons et les Germains ; et si les Romains ne poussèrent pas plus loin leurs conquêtes sur ce dernier peuple, c'est qu'il y avait une *constitution*, C'est que plus éloigné d'eux, il en fut attaqué plus tard, et que le pouvoir unique qui s'éleva dans Rome à cette époque, y éteignit l'ardeur des conquêtes. Les Romains vinrent même plus aisément à bout des Bretons, peuples très septentrionaux, que de l'Espagnol ; et il est à remarquer que les Arabes et les Parthes, peuples des pays chauds, furent les seuls des peuples connus qui échappèrent à leur joug...

Louis de Bonald

C'est surtout dans les révolutions de l'Asie que Montesquieu voit l'influence du climat, auquel il attribue et les dévastations fréquentes de cette belle partie du monde, et son despotisme permanent.

Je conviendrai avec lui que les Asiatiques septentrionaux, que nous appelons Tartares, ont conquis plusieurs fois le midi de l'Asie, comme ils ont conquis l'Europe, et plus récemment la Chine ; mais ce n'est pas le climat qui les rend conquérants, c'est le besoin, c'est la nécessité. Le climat ne leur donne pas du courage, mais il leur refuse des subsistances ; il ne tend pas leurs fibres, mais il stérilise leurs terres ; il n'est pas la cause de leurs conquêtes, il n'en est tout au plus que l'occasion.

Les peuples qui détruisirent l'empire romain, ceux qui sous les successeurs de Charlemagne furent à la veille de détruire l'empire français, ceux qui ont conquis en différents temps la Perse, le Mogol, la Chine, n'avaient pas reçu de la nature de leur climat une constitution physique plus propre au courage que celle des peuples plus méridionaux : mais errants sous un ciel dur et rigoureux, dispersés sur une terre froide et stérile, sans aucune des institutions, sans aucun des besoins ni des arts qui détruisent l'espèce humaine chez des peuples policés, ou empêchent son excessive multiplication ; lorsqu'après un long espace de temps, leur population s'était accrue au point que leur pays ne pouvait plus suffire à leur subsistance (et des peuples nomades, pasteurs ou chasseurs, ont besoin pour subsister d'une vaste étendue de terrain), il fallait qu'ils en sortissent, qu'ils s'établissent, qu'ils vécussent enfin, ou qu'ils fussent exterminés.

La preuve que ces peuples ne sont conquérants que par nécessité est qu'une fois établis, ils deviennent de paisibles cultivateurs : leur ardeur guerrière s'éteint dans la possession d'une terre fertile ; et c'est ce qui fait que les empires despotiques de l'Asie n'ont jamais pu lutter contre les Tartares, peuple toujours neuf, parce qu'il est éternellement le même, et toujours dans la fièvre des conquêtes, parce qu'il est toujours dans la crise des besoins. « Ce peuple, dit l'Esprit *des lois,* le plus singulier de la terre, conquiert sans cesse et forme des empires, mais la partie de la nation qui reste dans le pays est soumise à un grand maître, qui, despote dans le midi, veut encore l'être dans le nord, et avec un pouvoir arbitraire sur les sujets conquis, le prétend encore sur les sujets conquérants. »

Si la chaleur du climat a naturalisé le despotisme dans l'Asie méridionale, si la *fibre lâche* de ces peuples amollis ne peut jamais se monter au ton de la liberté, si l'influence d'un ciel toujours serein, d'un sol excessivement fertile, y plonge les rois dans la mollesse et les peuples dans l'engourdissement ; pourquoi l'intrépide habitant des contrées glaciales et stériles de la grande Tartarie courbe-t-il la tête sous le joug du despotisme ? C'est là, bien plus que dans la partie méridionale, que le despotisme est naturalisé, puisqu'il s'y conserve éternellement, puisque de là il se répand dans les pays où les Tartares, selon Montesquieu, *n'ont conquis qu'en esclaves, et n'ont vaincu que pour un maître. Si* ce peuple n'est pas amolli, pourquoi est-il esclave ? s'il est amolli, pourquoi est-il conquérant ? Montesquieu explique ces contradictions en disant *que c'est le peuple le plus singulier de la terre ;* mais c'est là aussi une *singulière* explication.

Je ne puis passer sous silence la Chine, cet empire étonnant par sa durée, et le plus *singulier* de l'univers, par la nature de ses institutions. Montesquieu le range dans la classe des États despotiques, et il a raison ; mais la preuve qu'il en donne est hors d'état de satisfaire un lecteur sensé. Quel *est,* demande-t-il, *l'honneur d'un peuple qu'on ne mène qu'avec le bâton ?* parce qu'il ne reconnaît que son *honneur* pour principe de la monarchie, et que, dans les idées européennes et françaises, il regarde le bâton comme un outrage, et non comme un châtiment...

Le gouvernement de la Chine est despotique, et l'administration y est monarchique : cet empire est despotique par les lois, et monarchique par les mœurs. Le gouvernement est despotique ; car le pouvoir y est unique : la religion publique y est la religion païenne, et les distinctions n'y sont ni héréditaires, ni professions sociales : il est despotique par les lois ; car le sexe le plus faible y est opprimé par la polygamie, et l'âge le plus tendre par l'exposition publique. L'administration y est monarchique, parce qu'elle y est très paternelle, les distinctions de professions très multipliées, et l'éducation très sociale : la Chine est monarchique par les mœurs ; car les mœurs sont partout à la place de l'honneur, qui est le ressort des monarchies ; tout y est réglé jusqu'aux compliments et aux révérences ; le citoyen y est esclave de ses mœurs, comme dans une monarchie il est l'esclave de l'honneur.

Mais si le despotisme est un effet du climat, comme le veut Montesquieu, comment l'extrême chaleur, la fertilité du sol, le relâchement des fibres n'ont-ils pas étendu jusqu'aux mœurs le despotisme des lois ? C'est que le despotisme du gouvernement y est défendu par la religion, comme le monarchisme de l'administration y est défendu par l'éducation : c'est cette opposition de principes, entre la religion et l'éducation, le gouvernement et l'administration, les lois et les mœurs, qui forme le contraste indéfinissable de la plus sage des nations et du plus ridicule des peuples.

On ne peut rendre raison du caractère des nations que par leurs institutions, on ne peut expliquer l'homme que par lui-même.

Deuxième partie : Sociétés religieuses

Livre I

1. Existence de la divinité

Les hommes sociaux, car les hommes n'existent qu'en société ou naturelle ou générale, soit qu'ils en avouent, soit qu'ils en combattent l'existence, pensent à la Divinité : donc la Divinité *peut* exister ; car les hommes ne *peuvent* penser qu'à ce qui *peut* exister, parce que ce qui ne peut pas exister ne peut pas être le sujet d'une pensée.

Les hommes en société ont le sentiment de la Divinité : donc la Divinité existe ; car les hommes ne peuvent avoir ce sentiment que de ce qui existe, parce que ce qui n'existe pas ne peut pas être l'objet d'un sentiment.

Si Dieu existe, il est *volonté, amour* et *force* car on ne peut concevoir un Dieu sans *volonté,* un Dieu sans *amour,* un Dieu sans *force.* S'il est *volonté* et *force, il* agit : s'il agit, il crée des êtres, et parce qu'il est parfait ou souverainement bon, il crée des êtres bons ou semblables à lui. Il y a donc quelque être qui est *volonté, amour* et *force,* comme Dieu ; et je vois un être que j'appelle *homme,* et qui est en effet *volonté, amour* et force.

Dans Dieu, être simple, la volonté, l'amour et la force sont un seul et même acte. L'homme, être composé, est *volonté* par son intelligence, *force* par son corps, *amour* par l'un et par l'autre ; puisque l'homme ne peut aimer un objet sans y penser, et qu'il ne peut l'aimer sans produire, s'il est libre, son amour au dehors par l'action de ses *sens ou* par *sa force.*

L'homme ne doit aimer que Dieu et l'homme, parce que l'amour étant le principe de la production et de la conservation des êtres, l'homme ne peut aimer que les êtres qui peuvent le *produire* ou le *conserver.* Or, Dieu et l'homme peuvent seuls *produire l'homme* et le *conserver,* c'est-à-dire maintenir l'homme moral dans sa perfection, et l'homme physique dans sa liberté. ... Aimer, c'est se donner soi-même tout entier à l'objet de son amour. Donc la société se donnera tout entière à Dieu, objet de son amour. Or, la société est l'homme et la propriété : donc elle fera à Dieu le don de l'homme et celui de la propriété. Ce sont des rapports *nécessaires* dérivés de la nature des êtres sociaux ; donc ce sont des lois. L'homme est physique et moral, la société fera donc à Dieu le don de l'homme physique, et le don de l'homme moral.

... L'homme aimait Dieu, parce que Dieu l'avait créé et le conservait ; mais Dieu pouvait cesser de conserver l'homme, donc l'homme le craignait : c'étaient des rapports *nécessaires* dérivés de la nature des êtres, donc c'étaient des lois. Ainsi l'amour et la crainte sont les seuls sentiments de l'homme, et toutes les autres affections n'en sont que des modifications.

La religion est donc sentiment, et non opinion : principe de la plus haute importance, clef de toutes les vérités religieuses.

2. Preuves de l'existence de Dieu et de l'immortalité de l'âme

Il y a dans la société religieuse, comme dans la société politique, des lois primitives fondamentales de la société et sans lesquelles on ne saurait la concevoir. C'est, dans la société politique, l'existence du pouvoir qui gouverne les hommes physiques-intelligents, et dans la société religieuse, l'existence de la Divinité, qui gouverne les hommes intelligents-physiques.

Dans la société religieuse, l'existence d'un Dieu unique est une loi conséquence *nécessaire,* immédiate, de la foi fondamentale de l'existence d'une intelligence suprême, et loi fondamentale elle-même, parce qu'elle est un rapport *nécessaire* qui dérive de la nature des êtres. En effet, s'il existe un être intelligent, infini, tout-puissant, il ne peut en exister qu'un ; parce que des êtres tout-puissants veulent *nécessairement* dominer, et que là *où tous veulent nécessairement dominer, il est nécessaire qu'un seul domine, ou que tous se détruisent.*

L'immortalité de l'âme n'est pas une conséquence moins nécessaire de sa spiritualité. En effet l'homme sent en lui-même l'existence d'un être qui *pense, qui veut, qui aime, qui craint ; mais* il ne peut voir cet être, ni le soumettre a aucun de ses sens. Or l'existence d'un être qu'on sent et qu'on ne peut voir, est une existence invisible, l'âme existe donc d'une existence invisible, ou, ce qui est la même chose, elle vit d'une vie invisible. Or, une vie invisible est une autre vie que celle que nous voyons, et par laquelle vivent tous les corps matériels ; et par conséquent elle appartient à un autre ordre de choses, à un autre monde que ce inonde matériel.

L'homme, moral et physique, *produit la* connaissance de Dieu dans sa pensée, et la *conserve* par le *sentiment ;* donc l'homme est en société avec Dieu, puisque *la société en général est la réunion d'êtres semblables, réunion dont la fin est leur production et leur conservation mutuelles.*

Une société dans laquelle Dieu est *pouvoir* conservateur par son amour et sa puissance, et dans laquelle il est lui-même produit et conservé par l'amour et la force de l'homme agissant dans le culte extérieur, ne peut périr. En effet, si une société qui produit et qui conserve *la* connaissance de Dieu par l'amour et le culte, et que Dieu conserve aussi par son amour, pouvait périr, Dieu cesserait d'être produit et conservé, non en lui-même, mais au-dehors et dans des intelligences semblables à lui et faites à son image ; il cesserait en même temps d'être pouvoir conservateur : Dieu perdrait donc la faculté d'être produit et conservé, et le pouvoir de conserver. Or, Dieu ne peut perdre ni faculté ni *pouvoi*r : donc la société des hommes avec Dieu est impérissable ; donc l'homme est immortel, soit dans son âme, soit dans son corps, instrument du culte extérieur par lequel l'amour se produit. Aussi la résurrection des corps est un dogme fondamental de la religion chrétienne.

L'immortalité de l'âme est donc un rapport *nécessaire* dérive de la nature des êtres qui composent la société religieuse ; elle est donc une conséquence nécessaire, immédiate, de la loi fondamentale de l'existence de Dieu et de la spiritualité de l'âme ; elle est donc loi fondamentale elle-même.

Mais si l'âme vit d'une autre vie et dans un autre ordre de choses que celui que nous voyons, cette vie est *nécessairement* heureuse ou malheureuse. Sous un être infiniment juste, bonheur est récompense, malheur est châtiment. La récompense suppose le mérite, et le châtiment suppose la faute. Ce sont des rapports *nécessaires,* des lois. Le mérite ou la faute supposent un état antérieur à la récompense, ou au châtiment ; et cet état antérieur ne peut être que la société présente. Donc le dogme des peines et des récompenses futures est un rapport *nécessaire* dérivé de la nature des êtres qui composent la société religieuse ; une loi religieuse, conséquence nécessaire, immédiate, de la loi fondamentale de la spiritualité et de l'immortalité de l'âme, et de celle de l'existence de l'être suprême. Donc elle est loi fondamentale elle-même, et l'on en retrouve la croyance dans toutes les sociétés. Je reviendrai ailleurs sur ces lois religieuses, et je développerai les autres à mesure qu'elles se présenteront : il me suffit pour le moment d'avoir fait remarquer à mes lecteurs que les principes que j'ai posés dans la première partie de cet ouvrage, en traitant des sociétés politiques, sont rigoureusement applicables à la société religieuse. Car « la société *religieuse et la* société *politique sont semblables, et elles ont une constitution semblable* ».

3. Suite des preuves de l'existence de Dieu, analogie des vérités géométriques et sociales

... Je ne puis me refuser a fixer l'attention du lecteur sur l'analogie qu'il y a entre les deux propositions que je viens d'énoncer et les vérités géométriques ; et cela doit être, puisque Dieu, vérité par essence, est la source et le type de toutes les vérités. Il me semble que cette connexité singulière entre des vérités d'un ordre différent ajoute une nouvelle force aux preuves de l'existence de Dieu. je suppose que mes lecteurs ont quelque teinture de la géométrie

Louis de Bonald

élémentaire.

À considérer la société politique comme un problème dont on cherche la solution, quelles en seraient les conditions ? *Trouver une forme de société politique ou de gouvernement, telle qu'un nombre quelconque d'hommes physiques soient unis entre eux, et maintenus dans cette union par un rapport* ou *intérêt commun.*

Quelles seraient les conditions du problème de la société intellectuelle ? *Trouver une forme de société intellectuelle, telle qu'un nombre quelconque d'êtres intelligents soient unis entre eux, et maintenus dans cette union par un rapport oit intérêt commun.*

Quelles sont les conditions du problème de la circonférence ? *Trouver une figure telle qu'un nombre quelconque, un nombre infini de points soient adhérents entre eux, et maintenus dans cette adhésion par un rapport commun.*

Je pense qu'il n'y a rien de forcé, rien que de parfaitement exact dans l'énoncé de ces trois problèmes absolument semblables.

Or, pour résoudre le problème de la circonférence, dans un nombre quelconque infini de points, j'en trouve un que j'appelle *centre,* au moyen duquel je trace une figure qui satisfait rigoureusement à toutes les conditions du problème ; car *la circonférence est une figure d'une infinité de points tous adhérents entre eux et maintenus dans cette adhésion par un rapport commun,* lequel rapport est leur distance égale du *centre.* je dis que ce rapport commun ou cette distance égale du centre les maintient dans leur adhésion réciproque ; puisqu'ils ne peuvent s'éloigner ni se rapprocher *du centre* sans perdre leur adhésion mutuelle, et qu'ils ne peuvent la recouvrer, s'ils l'ont perdue, qu'en se rétablissant dans leur rapport, ou dans leur distance égale à l'égard du *centre.*

Or, à considérer cette proposition d'une manière abstraite, l'homme n'a pas créé ce point appelé *centre : ce* point existait *nécessairement* dans un nombre *infini* de points, et le géomètre n'a fait que le produire au-dehors.

Dans la société politique, la monarchie constituée ou royale satisfait à toutes les conditions du problème ; puisque *la monarchie royale est une forme, de gouvernement telle qu'un nombre quelconque d'hommes physiques ou de familles sont unis entre eux et maintenus dans cette union par un rapport commun d'amour et de subor-*

dination avec un homme ou une famille qui exerce le pouvoir général de la société, ou monarque. Car les hommes sociaux on membres de la société ne peuvent se séparer de cet homme ou de cette famille, ou, ce qui est la même chose, l'écarter du milieu d'eux, sans perdre leur union mutuelle entre eux, ni recouvrer cette union, après l'avoir perdue, sans rétablir au milieu d'eux cet homme, ou cette famille revêtue du *pouvoir, on sans* se rétablir eux-mêmes dans leur rapport commun d'amour ou de subordination envers ce pouvoir.

Or, ce pouvoir, l'homme ne l'a pas créé ; il existait, et l'homme n'a fait que le produire au-dehors.

Ainsi, dans la société religieuse, le monothéisme ou la religion de l'unité de Dieu remplit toutes les conditions du problème ; puisque la société religieuse de l'unité de Dieu, ou la religion chrétienne, est telle qu'un nombre quelconque infini d'êtres intelligents sont unis entre eux, et maintenus dans cette union réciproque, par un rapport commun d'amour et de dépendance envers une intelligence suprême que nous appelons Dieu. C'est cette union mutuelle en Dieu, que la religion consacre sous le nom de *communion des saints.* Les hommes ne peuvent se soustraire à ce rapport avec l'être suprême, sans perdre leur union mutuelle entre eux ; ni la recouvrer, après l'avoir perdue, sans rétablir au milieu d'eux l'amour de l'être suprême, ou pour mieux dire, sans se rétablir eux-mêmes dans ce rapport d'amour et de dépendance envers l'être suprême.

Les hommes n'ont pas fait Dieu ; il existe en lui-même, et il n'a fait, par la création de l'homme et de l'univers, que se produire au dehors.

4. Sociétés naturelle, physique et religieuse

Dieu et l'homme, la famille, la religion naturelle, paraissent à la fois dans l'univers.

Dieu crée l'univers ou la propriété ; bientôt après il crée l'homme pour régner sur l'univers et user de la propriété. Dieu forme d'abord le corps ; bientôt après il forme l'âme, pour habiter le corps et en diriger les mouvements. Dieu donne à l'homme une compagne ; ce n'est pas un esclave qu'il lui donne, mais un *aide semblable à lui* :

Louis de Bonald

c'est la première société naturelle ou la première famille.

La femme naît après l'homme ; elle est l'objet de sa tendresse : mais elle est *sujet,* et l'homme est pouvoir. Amour et dépendance constituent les relations du pouvoir et du sujet ; amour et crainte, voilà la société extérieure ou physique.

Dieu comble l'homme de ses dons, mais il met un frein à ses désirs par une défense sévère. Dieu se constitue pouvoir, et il constitue l'homme sujet ; il lui commande l'amour par la reconnaissance de ses bienfaits, et la crainte, par la menace des peines qui suivront sa désobéissance. Amour et crainte, voilà la religion.

Dieu n'intime ses ordres qu'à l'homme, pouvoir de la société naturelle ; l'homme les transmet à la femme. La fonction du pouvoir est de faire connaître au *sujet* la loi, et de la lui faire observer.

La famille est heureuse, tant que l'homme, pouvoir de cette société, reste à la place que la nature de cette société lui assigne : si sa faiblesse l'en fait descendre, s'il obéit à celle à qui il doit commander, il désobéit lui-même à celui à qui il doit obéir : la scène change, et alors commence pour l'homme comme pour la femme, pour le pouvoir comme pour le *sujet,* un état de peine, de misère et de douleur.

Quelle leçon donnent à l'univers les suites déplorables de la faiblesse du *pouvoir* et de l'orgueil du sujet ! C'est en faisant briller aux yeux de la partie faible de la société les lueurs trompeuses de la *liberté* et de *l'égalité,* qu'un génie malfaisant la soulève contre l'autorité légitime. « La défense qui vous est faite, lui dit-il, ne gêne votre *liberté* que pour vous empêcher d'aspirer à *l'égalité* avec votre créateur : vous ne mourrez point, et vous serez comme des dieux, connaissant le bien et le mal » : et le sujet séduit, mettant l'amour déréglé de soi ou l'orgueil à la place de l'amour de l'être suprême, ose désobéir, c'est-à-dire substituer au pouvoir général son pouvoir particulier : fruit funeste, qui cause une mort certaine à l'orgueilleux qui ose s'en nourrir. L'homme, pouvoir de la société extérieure, partage la désobéissance du sujet, au lieu de la punir ; l'amour déréglé de son semblable l'emporte dans son cœur sur l'amour de l'Être suprême. L'orgueil avait égaré le sujet, la faiblesse perd le monarque.

... Malheureuse par la faiblesse du pouvoir et par l'orgueil *du sujet,* la société ne connaissant que trop le *bien* de son état passé, et le *mal* de sa position présente, s'éloigne, à la voix du Créateur, du séjour de délices qu'elle avait habité jusqu'à sa désobéissance : c'est la première révolution, et elle a les mêmes causes qu'auront à l'avenir toutes les autres, la faiblesse et l'orgueil.

5. Formation des sociétés politiques

... La terre se repeuple, les hommes et les passions naissent à la fois : la guerre des bons et des méchants, cette guerre née avec la société, devient plus active à mesure que le genre humain est plus nombreux et les hommes plus rapprochés.

Pour reproduire le genre humain, il est inévitable que les familles se rapprochent ; pour *conserver* les familles, il est nécessaire que les sociétés se forment : c'est-à-dire que les familles particulières formeront, en se rapprochant, de petites sociétés, et que les sociétés formeront, en se distinguant, de grandes familles. Mais comment réunir en société et pour leur *conservation mutuelle,* des familles d'hommes également animés de la passion de dominer ? comment séparer, distinguer les sociétés, sans les fixer dans un territoire déterminé ? et comment fixer les sociétés chez des hommes que le goût de l'indépendance, si puissant sur le cœur de l'homme naturel, les habitudes ou les besoins de la vie pastorale favorisés par la constante beauté du climat, invitaient à voyager salis cesse, et qui, pour se déplacer, n'avaient qu'à lever leurs tentes et suivre leurs troupeaux ? Comment dire aux uns : Vous vous fixerez ici, et aux autres : Vous demeurerez là ? Quelles montagnes, quels fleuves auraient pu arrêter leur humeur vagabonde ? Dieu, volonté générale, conservatrice des sociétés humaines, attachera, pour ainsi dire, à la *glèbe* les diverses sociétés ; il rendra un peuple *serf* du pays qu'il habite ; il tracera, entre les sociétés diverses, des limites que l'homme tentera en vain de renverser. Déjà les sociétés ne s'entendent plus entre elles ; je vois naître la diversité des langues, puissant moyen de *réunion* entre les familles, de séparation entre les sociétés. J'ai remarqué qu'aujourd'hui, comme alors, la diversité des langues a été le plus grand obstacle à *l'achèvement de l'ouvrage de l'impiété et de l'orgueil* ; et j'ajouterai ici que le parti philosophique, pour conduire son œuvre à sa perfection, cherchait, autant qu'il le pouvait, à faire disparaître la diversité des langues, en répandant en Europe le goût de la langue de la société dans laquelle son oeuvre était le plus avancée. Chaque peuple doit conserver sa langue, parce que toute langue suffit aux besoins du peuple qui la parle, et qu'elle peut se perfectionner avec sa constitution.

Quand le genre humain est divisé en sociétés, il s'élève au milieu d'elles des pouvoirs ; car nulle société ne peut exister sans *pouvoir,* parce que l'homme ne peut exister sans un amour.

L'homme devenu *pouvoir* dans la société extérieure, aux passions de l'homme joint les moyens du pouvoir, c'est-à-dire la *force ;* et dans les sociétés où le *pouvoir* n'était pas encore constitué, c'est-à-dire, défendu et limité, il se sert de la *force pour* satisfaire ses passions. La *force,* qui ne doit être que l'action du pouvoir général de la société, devient l'instrument du pouvoir particulier de l'homme. Ce pouvoir est ambition chez l'homme fort, volupté chez l'homme faible ; mais, sous tous ces rapports, il est également oppresseur, parce qu'il est toujours amour déréglé de soi ou passion de dominer. Les hommes soumis à ce pouvoir particulier partagent les passions qui les oppriment : tyrans de leurs semblables, esclaves eux-mêmes et toujours malheureux, soit qu'ils soient l'instrument de l'oppression, ou qu'ils en soient le sujet, ils ne voient dans la nature qu'oppression et que malheur. Le sentiment consolateur d'une Divinité bienfaisante s'altère, mais il ne peut s'effacer du milieu de la société ; la religion se corrompt, mais le culte ne peut se détruire. La religion était amour et crainte ; l'amour sans crainte ou l'amour profane de l'homme, la crainte sans amour ou la haine de Dieu font des dieux, et ces nouveaux dieux demandent un nouveau culte : la volupté leur donne un sexe, la haine leur prête ses fureurs ; les premières divinités sont des déesses impures et des dieux altérés de sang. Les sacrifices qu'on leur offre sont la prostitution et le meurtre ; et remarquez que la prostitution comme le meurtre sont également le don de l'homme.

On ne peut en douter aujourd'hui que la révolution française a ramené une nation à l'état barbare et sauvage des sociétés primitives. Ce fut le despotisme qui produisit l'idolâtrie, ce furent les passions qui défigurèrent la religion. Lorsque le pouvoir général de la société a fait place, en France, au pouvoir particulier le plus oppresseur, des déesses impudiques, des dieux anthropophages sont exposés à la vénération des peuples.

Livre II : Religion chrétienne ou constituée

6. Lois de la société religieuse constituée

Nous avons déterminé les caractères de la société politique constituée ; nous devons les retrouver tous dans la société religieuse constituée.

1° Leur fin est semblable : car la fin de la société politique est la conservation, c'est-à-dire la liberté de l'homme physique ; et la fin de la société religieuse est la conservation, c'est-à-dire la perfection de l'homme intelligent, qui n'est autre chose que sa liberté.

2° Les moyens sont semblables : car la société politique parvient à sa fin, c'est-à-dire, à la conservation des êtres qui la composent, par un amour général qui est le monarque, principe de conservation des êtres sociaux, et pouvoir conservateur lorsqu'il agit par une *force* générale conservatrice qui est la noblesse ; et la société religieuse parvient à sa fin par un amour général que nous verrons tout à l'heure être Dieu lui-même, principe de conservation des êtres, et *pouvoir* conservateur lorsqu'il *agit* par une force générale conservatrice, qui est le sacerdoce : car une société qui n'aurait pas les moyens, c'est-à-dire le pouvoir de parvenir à sa fin, n'y parviendrait pas.

La société civile, réunion de la société religieuse et de la société politique, a donc deux *pouvoirs* conservateurs, Dieu et le monarque ; deux *forces* conservatrices, le sacerdoce et la noblesse : mais elle n'a qu'une *volonté* générale conservatrice, parce que deux volontés égales sur le même objet ne font qu'une même volonté. En effet, Dieu est la volonté générale conservatrice de la société intérieure des intelligences, dont il fait partie.

Si la volonté générale conservatrice de la société civile est Dieu même, pourquoi, dira-t-on, y a-t-il des sociétés qui se détruisent ou qui ne parviennent pas à leur fin ? La société parvient *nécessairement* à sa *fin,* et la société ne se détruit pas, parce que, si l'homme nous

Louis de Bonald

paraît retarder, par le dérèglement de ses volontés particulières, les progrès de la société et l'accomplissement de la volonté qu'elle a de parvenir à sa *fin,* cette volonté n'en a pas moins un effet infaillible, *nécessaire,* qui, dans un temps ou dans un autre, triomphe toujours des .obstacles que lui oppose la volonté dépravée de l'homme. Et comme sa fin est la conservation des êtres, et qu'elle ne peut assurer cette conservation qu'en se constituant, il s'ensuit que, malgré les efforts de l'homme, elle tend *nécessairement,* invinciblement, à se constituer.

Nul être collectif ne peut exister sans lois ; car un être collectif, étant formé par la réunion de plusieurs êtres, place *nécessairement, et* par l'effet de cette réunion seule, ces êtres dans une certaine manière d'être, les uns à l'égard des autres, qu'on appelle *rapport.*

Ces êtres qui, dans la société politique, sont les hommes physiques intelligents, peuvent être considérés en eux-mêmes *et* dans leur nature d'êtres physiques intelligents. Ils ont, sous ce rapport, des facultés que j'appelle essentielles, naturelles, fondamentales, parce qu'elles constituent nécessairement l'homme naturel, et qu'il ne peut exister sans elles : c'est la faculté intelligente ou voulante, la faculté aimante, la faculté agissante. La société, être collectif ou général, réunion d'êtres physiques intelligents, aura donc la faculté générale de vouloir, la faculté générale d'aimer, la faculté générale d'agir ; c'est-à-dire, qu'elle aura une volonté générale, un *pouvoir* général, qui est un *amour* général agissant par une force générale ; et, comme la société ne pourra exister ou se conserver sans la *volonté* générale d'exister, le pouvoir général d'exister, la *force générale* d'exister, et qu'on ne pourra même la concevoir sans ces trois facultés, ces trois facultés seront les conditions nécessaires de son existence, et seront, par conséquent, ses lois fondamentales. Ce même raisonnement peut s'appliquer dans tous ses points à la société religieuse, en observant seulement que la société politique a pour éléments des êtres physiques intelligents, et que la société religieuse, considérée dans l'état civil, a pour éléments des êtres intelligents physiques.

Dans la société religieuse du corps social avec Dieu, c'est-à-dire, dans la société religieuse sociale, qu'on appelle religion publique, nous verrons la loi religieuse du *pouvoir* général, je veux dire de Dieu même rendu présent et extérieur, être un rapport nécessaire dérivé de la nature des êtres, une conséquence *nécessaire* de la loi fondamentale *du pouvoir* général, et loi fondamentale elle-même ; et nous verrons l'institution du sacerdoce, *force* publique de la société religieuse, être encore un rapport *nécessaire* dérivé de la nature des êtres, une conséquence *nécessaire* de la loi fondamentale de la *force* générale, et loi fondamentale elle-même. On verra également que les autres lois religieuses sont des conséquences nécessaires, quoique moins immédiates, des lois fondamentales, et lois fondamentales elles-mêmes.

Dans la société religieuse, les hommes intelligents physiques peuvent être considérés dans leurs différentes manières d'être les uns à l'égard des autres : leurs rapports entre eux, sous cet aspect, forment les lois morales, qui doivent être des rapports *nécessaires* dérivés de la nature des êtres. Elles doivent donc être des conséquences *nécessaires* des lois religieuses, et lois religieuses elles-mêmes. Ainsi la loi de l'indissolubilité du mariage est un rapport *nécessaire* dérivé de la nature des êtres en société nature ou de la famille, une loi morale, conséquence *nécessaire* de la loi religieuse qui consacre l'union des époux, et loi religieuse elle-même.

La société religieuse, dans laquelle les lois religieuses, c'est-à-dire, celles qui constituent la forme extérieure de la société, sont des conséquences *nécessaires* des lois fondamentales, et lois fondamentales elles-mêmes, et dans laquelle les lois morales, celles qui déterminent les devoirs des hommes les uns à l'égard des autres, sont des conséquences nécessaires des lois religieuses, et lois religieuses elles-mêmes, a tout ce qu'il faut pour parvenir à sa *fin,* qui est la conservation des êtres intelligents physiques dont elle est composée ; elle est donc constituée.

Donc la société religieuse qui n'a pas de lois fondamentales, ne peut avoir aucune loi religieuse, conséquence nécessaire des lois fondamentales, et loi fondamentale elle-même ; cette société ne parvient donc pas à sa *fin ;* elle n'est donc pas constituée ; elle n'est donc pas une véritable société religieuse ; elle n'est qu'une secte.

Donc la société religieuse, qui a des lois fondamentales, mais dans laquelle les lois religieuses ne sont pas des conséquences *nécessaires* des lois fondamentales, et lois fondamentales elles-mêmes, est moins constituée et parvient moins à sa *fin* que celle dans laquelle les lois religieuses sont des conséquences nécessaires des lois fondamentales, et lois fondamentales elles-mêmes.

Je ne parlerai pas des lois morales, qui sont les mêmes dans toutes les sociétés religieuses ; mais je prouverai que le principe des lois morales, l'amour de Dieu et celui des hommes, ne peut exister dans les sociétés non constituées.

Comme il ne peut y avoir entre deux êtres, sur un même objet, qu'un rapport *nécessaire,* tandis qu'il peut y avoir sur le même objet, entre deux êtres, une infinité de rapports non *nécessaires, il* s'ensuit évidemment qu'il n'y a qu'une constitution religieuse et qu'une constitution politique de société, et qu'il peut y avoir une infinité de société-, politiques non constituées, ou de formes différentes de gouvernement, et une infinité de sociétés religieuses non constituées, ou de sectes.

7. Nécessité du médiateur

Je cherche si la raison peut me conduire à reconnaître, pour le genre humain, la nécessité d'un médiateur, on autrement, si la *rédemption du* genre humain est un rapport *nécessaire* dérivé de la nature des êtres, une loi.

... Un crime infini suppose une justice infinie dans l'être qui punit, ou une bonté infinie dans l'être qui pardonne. Or, Dieu est l'être infiniment juste et l'être infiniment bon. Il punira donc

l'homme infiniment coupable avec une rigueur infinie, il lui pardonnera avec une infinie bonté.

Quel est l'acte de la justice infinie de Dieu qui veut punir l'homme du crime infini dont il s'est rendu coupable ? c'est l'acte de le détruire. Quel est l'acte d'une bonté infinie dont Dieu peut user envers

l'homme coupable qu'il veut pardonner ? c'est l'acte de le conserver. Mais Dieu lui-même peut-il à la fois détruire et conserver l'homme ?

Oui : il peut détruire un homme à la place de tous les hommes ; il peut conserver tous les hommes à la considération d'un homme détruit ; et la justice humaine nous donne l'idée et l'exemple d'une pareille compensation.

Cet homme détruit à la place de tous les hommes, et à la considération duquel tous les hommes devront leur pardon, sera donc l'homme *universel,* l'homme *général, il* sera l'humanité même ; puisqu'il sera puni à la place de tous les hommes, puisque tous les hommes seront pardonnés à cause de lui. Cet homme qui sera détruit à la place de tous les hommes sera donc infiniment haï de Dieu, puisqu'il sera chargé du crime infini de tous les hommes ; cet homme aux mérites duquel tous les hommes devront leur pardon sera infiniment aimé de Dieu, puisqu'il méritera à tous les hommes le pardon d'un crime infini.

Or, Dieu ne peut haïr infiniment que l'être infiniment haïssable, qu'un homme coupable, ni aimer infiniment qu'un être infiniment aimable, que lui-même, que Dieu cet homme sera donc Dieu ; il sera homme-Dieu ce sont là, j'ose le dire, des rap*ports nécessaires, dérivés de la nature des êtres* : donc ce sont des lois.

L'homme-Dieu sera donc détruit à la place de tous les hommes, pour satisfaire à la justice de Dieu ; et tous les hommes seront pardonnés et conservés par les mérites et à la considération de *cet homme-Dieu.* Cet homme-Dieu qui réconciliera les hommes avec Dieu, sera donc le médiateur d'une nouvelle alliance entre Dieu et les hommes ; le fondateur d'une société constituée on d'une société de conservation dont le principe est l'amour, à la place d'une société non constituée, d'une société de destruction dont le principe est la crainte sans amour, ou la haine : il sera donc le *Sauveur,* le *Rédempteur* du genre humain et le fondateur de la société religieuse constituée, on de la religion chrétienne. Tous ces rapports sont *nécessaires,* tous dérivés de la nature des êtres sociaux ; donc ils sont des lois.

Cet homme-Dieu a aimé les hommes d'un amour infini ; puisqu'il s'est abaissé pour eux d'une manière infinie, et que de Dieu qu'il était, il est devenu homme et a pris la *forme d'un esclave : puisqu'il* s'est volontairement chargé du crime infini dont ils s'étaient rendus coupables, et que pour l'expier à leur place, et les conserver en apaisant la justice de Dieu, il s'est dévoué à la haine infinie de Dieu et aux rigueurs infinies de sa justice. Cet amour a donc été le principe de conservation des hommes ; cet amour se produisant au dehors par la *force ou* par le *corps,* puisque Dieu a pris un corps et a souffert dans son corps, a donc été le pouvoir conservateur des hommes : car on a vu *que l'amour des hommes était le principe de leur conservation, et que l'amour agissant par la force était, dans la société constituée, le pouvoir conservateur des hommes.* Jésus-Christ, ou l'homme-Dieu, est donc *le pouvoir général conservateur, le monarque* de la société religieuse constituée, de cette société, *réunion d'êtres semblables pour leur conservation mutuelle,* de la religion chrétienne.

Tous ces rapports sont *nécessaires* ; donc ils sont des lois.

Cet être extraordinaire, cet homme-Dieu, s'il est homme, il doit naître et mourir comme un homme ; s'il est Dieu, il ne peut naître ni mourir comme un homme, il doit précéder sa naissance et survivre à sa mort : et la religion chrétienne me montre en effet l'homme-Dieu venant au monde par une génération ineffable, et ressuscitant par sa propre vertu, le troisième jour après sa mort. Si la religion a Dieu même, Dieu fait homme, pour fondateur et pour pouvoir, elle est donc la religion constituée, le dernier état sur la terre, le dernier âge de la société religieuse de l'unité de Dieu.

8. Développement de la constitution religieuse, ou de la religion

Si la société religieuse devait s'unir à la société politique, pour former la société civile constituée, la société religieuse devait donc convenir à la société politique et à tous les âges de la société politique, c'est-à-dire à tous ses progrès ; puisque la société religieuse et la société politique ont une *constitution semblable,* constitution qui renferme par conséquent un principe intérieur et semblable de développement et de perfectionnement : de même que l'homme physique et moral tient lui-même de sa constitution physique et intellectuelle, un principe intérieur de développement par lequel ses facultés physiques et morales se perfectionnent, et que le Créateur a dit à l'homme intelligent de *croître,* comme à l'homme physique de *multiplier.*

La société religieuse, la société politique, doivent donc se développer, c'est-à-dire se perfectionner ensemble.

Les législateurs de la société religieuse, qu'on appelle des *réformateurs,* n'ont donc été que des esprits faux et bornés, qui, fermant les yeux à cette vérité, ont méconnu les développements *nécessaires* de la constitution religieuse : comme les législateurs des sociétés politiques, qui, en voulant donner des lois aux sociétés, et établir leurs rapports à la place des rapports de la nature, ont troublé son ouvrage, et méconnu aussi les développements nécessaires de la constitution politique.

Cette erreur, de la part des réformateurs ou des législateurs des sociétés religieuses, devait nécessairement produire de grands désordres dans la société civile, puisque, de deux parties qui la composent et qui doivent marcher ensemble et du même pas, l'une avançait, pour ainsi parler, tandis que l'autre demeurait ou revenait en arrière. Aussi les changements dans les lois de la société religieuse extérieure, (la seule qui puisse en admettre) qui n'ont pas été des développements *nécessaires* amenés insensiblement par la volonté générale de la société, mais des innovations brusquement produites par la volonté particulière de l'homme, ont toujours occasionné de grands troubles dans la société civile ; parce qu'après avoir formé une nouvelle société religieuse, les réformateurs ont été conduits malgré eux-mêmes, et par la force des choses, à former une nouvelle société politique. Le même effet a pu se remarquer dans les changements faits à la constitution politique des sociétés ; et c'est ce qui a fait naître tantôt la république au sein de la *réforme,* tantôt la réforme au sein de la république.

À mesure que la société politique se développe, l'homme social devient plus intelligent ; parce que le développement de la constitution de la société n'est que le développement de nouveaux rapports ,*nécessaires* entre les êtres qui composent la société, et que l'intelligence n'est que la faculté d'apercevoir des rapports justes, c'est-à-dire *nécessaires,* entre les objets ; or, là où il y a plus de rapports, l'homme en aperçoit davantage ; il est donc plus intelligent. Donc la société intellectuelle doit devenir plus intellectuelle, ou la religion plus spirituelle.

9. Lois religieuses, conséquences nécessaires des lois fondamentales

Louis de Bonald

J'ai dit que la religion chrétienne est la religion constituée, celle dans laquelle les lois religieuses sont une conséquence *nécessaire* des lois fondamentales, et lois fondamentales elles-mêmes : comme j'ai appelé société politique constituée, celle dans laquelle les lois politiques sont des conséquences *nécessaires* des lois fondamentales, et lois fondamentales elles-mêmes.

La comparaison des lois religieuses aux lois politiques est exacte ; puisque les lois religieuses sont celles qui déterminent la forme extérieure de culte, comme les lois politiques sont celles qui déterminent la forme extérieure de gouvernement.

La société religieuse est intérieure et extérieure elle est adoration et culte : considérée de Dieu à l'homme intelligent, elle est adoration ou religion intérieure ; considérée de Dieu à l'homme extérieur ou social, elle est culte on religion extérieure. La réunion de la religion intérieure et extérieure, de l'adoration et du culte, constitue précisément la religion sociale ou publique ; parce que la réunion de l'homme intérieur et de l'homme extérieur, de l'âme et du corps, constitue l'homme social ou politique. Ce n'est donc que par abstraction, qu'on peut séparer, dans la société, la religion intérieure ou l'adoration, de la religion extérieure ou du *culte,*comme ce n'est que par abstraction, qu'on peut considérer sur la terre l'homme intelligent séparé de l'homme physique.

Dans la société de Dieu avec les hommes extérieurs ou sociaux, qu'on appelle *culte,* le pouvoir général conservateur est l'amour réciproque de Dieu et des hommes personnifié dans l'homme-Dieu rendu extérieur et présent dans le sacrifice. En effet, l'amour est le principe de conservation des êtres sociaux ; et lorsqu'il agit par la force, il est pouvoir conservateur des êtres : or cette *force* est extérieure on sociale, puisque le pouvoir, dont elle est l'action, est lui-même extérieur ou social. Cette force extérieure, sociale ou publique, est la profession sacerdotale, par l'action de laquelle le pouvoir se rend extérieur et présent dans le sacrifice.

Ainsi je vois, dans la société religieuse, les distinctions sociales permanentes ou le *sacerdoce,* comme j'ai vu, dans la société politique, les distinctions permanentes on la *noblesse.*

Ainsi l'institution de la profession sacerdotale est une conséquence *nécessaire* de la loi fondamentale de l'unité de Dieu, *pouvoir* conservateur de la société religieuse, et loi fondamentale elle-même : comme l'institution de la noblesse est une conséquence *nécessaire* de la loi fondamentale de l'unité de *pouvoir* politique, et loi fondamentale elle-même. Le sacerdoce est la *force* publique ou l'action du *pouvoir* religieux, comme la noblesse est la *force* publique ou l'action du *pouvoir* politique ; parce que tout pouvoir agit par une force, et qu'un pouvoir sans force n'est pas un pouvoir.

Une force extérieure suppose une direction aussi extérieure direction suppose commandement et obéissance donc la hiérarchie des ministres du culte est un rapport *nécessaire* dérivé de la nature des êtres, une conséquence *nécessaire* de la loi fondamentale de la force publique, et loi fondamentale elle-même.

Les ministres du culte religieux, ou la profession sacerdotale, sont la force publique conservatrice de la société religieuse. Donc la profession sacerdotale, réunie pour exercer un acte de la force générale conservatrice de la société religieuse, sera nécessairement conservatrice : donc l'Église, ou les ministres de la religion, assemblée en concile, est infaillible.

Donc l'infaillibilité de l'Église est un rapport *nécessaire* qui dérive de la nature des êtres, une conséquence *nécessaire* de la loi fondamentale du *pouvoir* général, et loi fondamentale elle-même.

On peut parvenir au même résultat par une démonstration plus abrégée.

Une autorité irréformable est une autorité infaillible ; car une autorité ne peut être reconnue faillible, qu'autant qu'une autorité supérieure peut la faire apercevoir qu'elle a failli : or il n'y a aucune autorité supérieure à celle de la société, puisque la société comprend tous les êtres : donc la société ne peut être reconnue faillible, donc elle est irréformable, donc elle est infaillible.

La force générale conservatrice de la société ne peut être dirigée que par son pouvoir général conservateur dont elle est l'action : donc là où sera la force générale conservatrice de la société religieuse assemblée pour sa conservation, là sera le pouvoir général conservateur.

Si l'infaillibilité appartient au corps des ministres, elle ne peut être attribuée à aucun individu, ni à aucune fraction de la profession sacerdotale.

Louis de Bonald

La *force* de la société religieuse intérieure, ou de l'adoration, est la grâce ; la *force* de la société religieuse extérieure, ou du culte, sont les ministres de la religion : la société religieuse intérieure et la société religieuse extérieure, c'est-à-dire l'adoration et le culte, s'unissent pour former la religion publique ou sociale. Donc la force conservatrice de l'une, qui est la grâce, s'unira à la force conservatrice de l'autre, qui sont les ministres de la religion : donc les ministres de la religion seront les dispensateurs de la grâce : donc la dispensation de la grâce par les ministres de la religion, qu'on appelle l'administration des sacrements, est un rapport nécessaire qui dérive de la nature des êtres, une conséquence nécessaire des lois fondamentales, et loi fondamentale elle-même

10. Sacrifice perpétuel de la religion chrétienne

Il est temps de parler du sacrifice perpétuel, offert dans la société religieuse constituée, ou la religion chrétienne. Je n'entreprends pas d'en expliquer le mystère ; mais j'ose en démontrer la *nécessité*, c'est-à-dire faire voir qu'il est une loi, un rapport *nécessaire, ou tel qu'il ne pourrait être autrement qu'il n'est, sans choquer la nature des êtres* qui composent la société religieuse.

J'ai dit que la religion dans l'homme social, on la société, était *sentiment*, c'est-à-dire amour et crainte.

L'amour et la crainte, dans l'homme social, ne peuvent être que l'amour de sa conservation et la crainte de sa destruction ; puisque la société est *une réunion d'êtres semblables, réunion dont la fin est leur conservation mutuelle.*

Par quelle action de ses sens l'homme manifestera-t-il l'amour de sa conservation ou la crainte de sa destruction ? Par le don ; car l'homme donne pour obtenir le bien qu'il aime, comme il donne pour éviter le mal qu'il craint. Mais l'importance du don doit être proportionnée à la force de l'amour et de la crainte, comme l'amour et la crainte sont eux-mêmes proportionnés à la bonté de l'objet que l'on aime et à la puissance de l'objet que l'on craint.

Dans la société religieuse, l'objet de l'amour et de la crainte de l'homme est la Divinité, c'est-à-dire l'Être infiniment bon et infiniment puissant. Donc l'amour et la crainte seront infinis ou les plus forts que l'homme puisse éprouver : donc l'action extérieure par laquelle l'homme manifestera son amour et sa crainte, sera l'action la plus importante que l'homme puisse faire. Donc le don que l'homme fera pour témoigner son amour et sa crainte, sera le don le plus précieux qu'il puisse offrir.

Or, quel est le don le plus précieux que l'homme puisse offrir, et l'action la plus importante qu'il puisse faire ? C'est le don de lui-même, et l'action par laquelle il se donne. L'homme se donnera donc lui-même par amour et par crainte ; il se donnera lui même dans toutes les sociétés, soit religieuses, soit politiques ; car *ces sociétés sont semblables, et elles ont une constitution semblable.*

Ainsi, dans la société naturelle ou la famille, l'homme dans l'union des sexes se donne lui-même par amour de soi on de sa conservation. Ainsi, clans les sociétés politiques non constituées, l'homme se donnait lui-même dans l'esclavage par crainte de sa destruction ; ainsi, dans les sociétés politiques constituées, l'homme doit se donner lui-même a la société, par amour des autres, en se dévouant à leur défense dans les professions sociales.

L'homme se donnera donc lui-même à la Divinité, objet de son amour et de sa crainte.

L'homme social ou la société est l'homme et la propriété : l'homme social ou la société fera donc à la Divinité le don de l'homme et de la propriété, dans toutes les sociétés religieuses. Ce don s'appelle sacrifice. Et j'aperçois dans toutes les sociétés religieuses de l'univers le sacrifice social, c'est-à-dire *le don de l'homme, et l'offrande de la propriété.*

... Dans la société religieuse la plus parfaite ou la plus constituée, le sacrifice sera le plus parfait qu'il est possible ; c'est-à-dire que la société fera à la Divinité, de la manière la plus parfaite, le don de l'homme le plus parfait, et de la propriété la plus pure et la plus parfaite.

Ce sont là des rapports *nécessaires* dérivés de la nature des choses ; donc ils sont des lois.

La société religieuse chrétienne est *une société constituée, une réunion d'êtres semblables, réunion dont la fin est leur conservation mutuelle.* Le principe de cette société est l'amour, puisque l'amour est *principe de conservation des êtres.* Donc l'amour sera

Louis de Bonald

mutuel ; donc le don de soi-même, qui est l'action de l'amour, sera réciproque.

Mais Dieu demande à l'homme social le don de tout son être, intérieur et extérieur, le don de sa volonté et de sa force, de son esprit et de ses actions intérieures.

Dieu aussi se donnera tout entier à l'homme social ; et comme le don de l'homme à Dieu est un don fini comme l'homme qui donne, le don de Dieu à l'homme sera un don infini comme Dieu qui donne. Si ce don est infini, il sera incompréhensible à l'homme ; car si l'homme pouvait comprendre tout ce que Dieu peut faire, l'homme serait autant que Dieu, on Dieu ne serait pas plus que l'homme.

Dieu se donnera donc à l'homme intérieur et extérieur d'une manière incompréhensible et infinie, comme l'homme intérieur et extérieur s'est donné lui-même à Dieu, afin que le don de Dieu à l'homme soit aussi entier que celui de l'homme à Dieu, afin que l'amour soit mutuel, et que Dieu et l'homme forment ensemble une véritable société, *réunion d'êtres semblables, réunion dont la fin est leur conservation mutuelle.*

... Depuis dix-huit cents ans, je vois dans la nouvelle alliance ou la nouvelle société des hommes avec Dieu, appelée *Religion chrétienne,* seule religion sociale, puisqu'elle a assuré la conservation (le l'homme social en faisant cesser tous les genres d'oppression qui le détruisent, seule religion constituée, puisqu'elle est la seule dans laquelle les lois fondamentales soient des rapports *nécessaires* qui dérivent de la nature des êtres, les lois religieuses, des conséquences *nécessaires* des lois fondamentales et fondamentales elles-mêmes ; cette religion dont la morale est si pure et les leçons si sublimes ; cette religion qui a résisté à tant de persécutions, et qui a vu passer tant de sectes ; cette religion qui montre une plus grande force de conservation, à mesure qu'elle s'éloigne du temps de son berceau, et qui, dans la première société de l'univers, survit à sa destruction même, et ressuscite de son tombeau, comme son fondateur, en frappant d'aveuglement et de terreur les vils satellites qui l'y retiennent ; je vois, dis-je, un sacrifice perpétuel, dans lequel les prêtres, visiblement successeurs des premiers disciples de l'homme-Dieu, les prêtres, *force* publique conservatrice de la société religieuse extérieure, et ministres ou dispensateurs de la grâce, force conservatrice de la société intérieure, font en *mémoire* de cet homme-Dieu ce qu'il leur a enseigné de faire... Je vois le sacrifice que j'ai remarqué dans toutes les religions, le sacrifice de l'homme et celui de la propriété ; je vois le don de soi-même que l'homme intelligent et physique doit faire à Dieu, et le don de soi-même que Dieu, comme je l'ai prouve, doit faire à l'homme intelligent et physique...

Livre III : Rapports des sociétés religieuses aux sociétés politiques

11. Analogie des sociétés religieuses et des sociétés politiques

On compte dans l'Europe chrétienne quatre formes différentes de gouvernement, à chacune desquelles répond une religion absolument semblable dans ses principes constructifs et dans ses formes extérieures.

1° - Le gouvernement ou constitution monarchique, avec son *pouvoir* général extérieur, qui est le monarque, sa *force* publique permanente ou profession sociale, qui est la noblesse, ses corps chargés du dépôt et de l'interprétation des lois, ses états généraux ou assemblées générales de la société. Tel est le gouvernement de France ; tel était autrefois celui de presque tous les royaumes de l'Europe.

À ce gouvernement répond la religion catholique, avec son pouvoir général rendu extérieur dans le sacrifice, sa *force* publique ou profession sacerdotale, son corps chargé du dépôt de la doctrine et de l'interprétation des Écritures, ses conciles généraux ou assemblées générales de la société.

2° - Le gouvernement aristocratique héréditaire, comme celui de Venise, de Gênes, de Hollande, de quelques cantons suisses. Il y a une représentation de pouvoir général dans le Doge, l'Avoyer et le Stathouder ; mais l'autorité est entre les mains d'un certain nombre de familles, qui ont encore le dépôt et l'interprétation des lois, et qui forment distinction héréditaire.

Louis de Bonald

À ce gouvernement répond le luthéranisme pur. Il a conservé une représentation de pouvoir général, puisqu'il admet *momentanément la* présence réelle de Jésus-Christ, pouvoir conservateur de la société religieuse ; l'autorité ecclésiastique est entre les mains de *superintendants,* et dans quelques endroits entre les mains d'évêques qui sont *distinction permanente,* mais qui ne reconnaissent point de chef.

3° - Le gouvernement démocratique, tel que celui de Genève, de quelques cantons suisses. Le pouvoir général n'y existe pas même en représentation. Dans les vrais principes de ce gouvernement, le pouvoir devrait être entre les mains de tous, ce qui veut dire que chacun devrait exercer son pouvoir particulier : mais comme la démocratie pure, selon Rousseau lui-même, est impossible, et qu'un gouvernement ne saurait aller avec tant de pouvoirs particuliers, on en a forcément restreint le nombre, et il n'y a qu'un certain nombre de citoyens qui, sous le nom de *conseil,* de *sénat,* etc., puissent exercer leur pouvoir et celui des autres. Il n'y a point dans ce gouvernement de distinctions héréditaires ; il n'y a que des fonctionnaires viagers.

À ce gouvernement répond le calvinisme, le puritanisme ou le presbytéranisme. Cette religion n'a aucun pouvoir général, pas même momentanément ; car elle n'admet aucune présence réelle du pouvoir général conservateur de la société chrétienne. Il y a pas d'autorité enseignante qui ait le dépôt de la doctrine, et chacun y a le droit de faire usage de son esprit, pour interpréter les écritures ou les lois de la société. Mais le calvinisme pur est aussi impraticable que la démocratie pure. Le gouvernement de la société religieuse ne pourrait aller avec cette multitude indéfinie d'interprétations particulières. On a forcément restreint le nombre des interprètes et des inspirés à un conseil ou consistoire, qui décide, ou plutôt qui conseille en fait de dogmes ou de discipline, et qui donne ses interprétations particulières pour la volonté générale. Il n'y a aucune succession spirituelle, aucun *caractère.* Les ministres ne sont que des fonctionnaires amovibles, sans aucune hiérarchie entre eux

4° - Le gouvernement mixte de monarchie, d'aristocratie et de démocratie comme il l'est en Angleterre, c'est-à-dire mêlé de pouvoir général et de pouvoirs particuliers. Il y a un pouvoir général, mais négatif, qui peut empêcher, mais qui ne peut pas faire. Il n'est pas pouvoir général pour conserver, mais pour empêcher qu'on ne détruise. Le pouvoir positif ou le pouvoir de faire est le pouvoir particulier des pairs et des Communes : ce pouvoir n'est pas pouvoir conservateur ; car s'il était pouvoir conservateur, il ne faudrait pas de pouvoir qui eût le veto absolu sur ses résolutions. Il y a une noblesse héréditaire ou des distinctions sociales permanentes, qui ne sont pas force ou action du pouvoir, puisqu'elles sont elles-mêmes pouvoir. À ce gouvernement, unique dans les sociétés politiques, répond une religion unique dans les sociétés religieuses : je veux parler de la religion anglicane ou épiscopale, qui est évidemment mixte de catholicisme, de luthéranisme et de calvinisme. Le dogme de la présence réelle, ou le pouvoir conservateur de la religion chrétienne, y est purement négatif. Si le pouvoir général conservateur de la société religieuse y est négatif et équivoque, la force générale de cette société ou la profession sacerdotale y est négative et équivoque comme le pouvoir ; c'est-à-dire, qu'elle n'a pas l'autorité en elle-même et qu'elle est dépendante de l'autorité civile. En effet, le roi, qui n'a pas la plénitude de l'autorité politique, a, au moins par les termes, la plénitude de l'autorité religieuse. Ainsi la profession sacerdotale a un chef dans la religion anglicane, qu'elle n'a pas dans la religion luthérienne. Mais cette suprématie du roi, dans les matières de religion, est un rapport non nécessaire, et contraire à la nature des êtres ; puisqu'il met la force d'une société religieuse sous la direction du pouvoir d'une société politique. La faculté d'interpréter l'Écriture n'est pas non plus laissée tout à fait sans restriction aux simples fidèles, comme dans la religion calviniste, en sorte que le pouvoir particulier est borné dans la société religieuse, comme le pouvoir particulier est contre-balancé dans la société politique. Ainsi sans entrer dans des discussions théologiques étrangères au sujet que je traite, ou plutôt au rapport sous lequel je le considère, il est évident que la religion anglicane présente, sous un extérieur de culte catholique, les dogmes des Églises réformées : comme le gouvernement politique d'Angleterre présente, sous l'extérieur d'une constitution monarchique, les principes des sociétés républicaines.

L'exemple de la France régénérée vient à l'appui de mes principes. En même temps qu'elle établissait une constitution prétendue monarchique qu'on a fort bien appelée une démocratie royale, elle fondait une religion bizarre qu'on pourrait appeler un catholicisme presbytérien. Cette religion est devenue un pur calvinisme, lorsque le gouvernement est devenu purement démocratique, et enfin elle a dégénéré en athéisme public ou social, lorsque l'anarchie a été constituée dans le gouvernement révolutionnaire. Il ne faut pas oublier de remarquer que cette dernière religion s'est propagée, comme toutes les religions d'opinion, par les moyens ordinaires de l'intérêt, de la volupté et de la terreur, c'est-à-dire par tout ce qui peut entraîner *l'esprit,* le cœur et les *sens* de l'homme ; et le pillage, le divorce et la guillotine, ont été les pieux artifices dont les nouveaux apôtres se sont servis pour étendre leur doctrine.

Si chaque religion ou secte différente de religion correspond à une forme particulière de gouvernement, il est évident que, dans chaque société, le gouvernement doit faire un secret effort pour établir la religion qui a le plus d'analogie avec ses principes, ou la religion tendre à établir le gouvernement qui lui correspond ; parce que la société civile, étant la réunion de la société religieuse et de la société politique, ne peut, ce semble, être tranquille que lorsqu'il règne un parfait équilibre entre les deux parties qui la composent. Cet effet peut n'être pas sensible, au moins de long-temps, dans les sociétés politiques non constituées qui n'existent pas par elles-mêmes, et qui dépendent de fait ou de droit de quelque autre société ; mais il sera aisément remarqué dans les sociétés plus constituées, et qui ont en elles-mêmes le principe de leur existence.

12. Force de conservation des sociétés religieuses constituées et non constituées

Les lois religieuses des sociétés autres que la société catholique ne sont pas des conséquences *nécessaires* des lois fondamentales, ni des rapports *nécessaires* dérivés de la nature des êtres ; elles ne sont donc pas des sociétés constituées : si elles ne sont pas constituées, leur *volonté* générale d'exister ne peut *s'exercer par* un pouvoir général, ni celui-ci agir par une *force* générale. Une volonté sans *force* n'est pas une *volonté,* mais un *désir* ; *c'est-à-dire* que ces sociétés ne peuvent exister, mais qu'elles voudraient exister ; c'est-à-dire qu'elles ont Un principe d'inquiétude, qui n'est autre chose qu'une tendance à exister, ou à se constituer.

Elles n'existeront donc pas, ou si elles existent quelque temps, elles n'existeront que dépendamment de quelque autre société, et elles auront hors d'elles-mêmes, et dans une autre société, la cause de leur existence. Elles seront donc dépendantes d'une autre société : si elles sont dépendantes, elles seront faibles, et elles arriveront au dernier moment de leur existence par une détérioration progressive.

Si la société catholique est constituée, sa volonté générale de conservation s'accomplira par un pouvoir général conservateur, et celui-ci agira par une force générale conservatrice. Donc elle aura en elle-même le principe de son existence et les moyens de sa conservation ; donc elle sera indépendante ; donc elle sera forte ; donc elle se conservera ; donc elle s'élèvera progressivement à la perfection : la preuve de ces assertions est dans les faits, et dans des faits incontestables.

Depuis dix-huit cents ans que l'Église chrétienne subsiste, il s'est élevé un nombre infini de sectes dans son sein, et toutes ces branches séparées ont séché, et l'arbre est demeuré toujours vert, et les orages n'ont fait que l'affermir, et les retranchements que le rendre plus vigoureux. Les branches actuellement séparées sécheront à leur tour, et sans qu'on les ait vu disparaître, le temps viendra où elles ne seront plus. Non seulement l'Église catholique a un principe de conservation, mais elle a un principe de perfectionnement. Malgré les désordres tant reprochés à ses ministres, et si étrangement exagérés par la haine, j'ose avancer, et d'après des faits connus de toute l'Europe, que l'Église de France a donné dans cette persécution, la plus dangereuse que la religion ait essuyée, des exemples de foi, de courage et de patience qu'on ne retrouve, au même degré d'unanimité, à aucune époque de l'histoire de l'Église. Et ce ne sont pas seulement les ministres de la religion, force publique conservatrice de la société religieuse, qui se sont dévoués à sa défense, on a pu apercevoir dans les autres ordres de l'État, et jusque dans le peuple, un attachement à la foi catholique dont il n'y a eu d'exemple en aucun temps, ni dans aucun lieu. Sans remonter jusqu'au temps de l'arianisme, du donatisme, du manichéisme, etc., on n'a qu'à comparer l'Allemagne du temps

Louis de Bonald

de Luther, ou l'Angleterre sous Henri VIII et ses successeurs, à la France dans la révolution présente, pour se convaincre que la religion inspire un plus vif attachement, à proportion qu'elle est plus connue, et que, si dans tous les temps elle échappe aux âmes faibles et aux cœurs corrompus, à mesure qu'elle avance en âge, si je puis me servir de cette expression, elle jette dans la société de plus profondes racines. Et qu'on ne dise pas que la révolution française a été une révolution purement politique ; il serait plus vrai de dire qu'elle a été purement religieuse, et qu'au moins dans ceux qui l'ont secrètement dirigée, et à l'insu même de ceux qu'ils faisaient mouvoir, il y a eu encore plus de fanatisme d'opinions religieuses que d'ambition de pouvoir politique.

J'ai dit que les sociétés religieuses non constituées avaient un principe intérieur de dépendance et de détérioration, qui les conduisait infailliblement à leur destruction : et j'ai remarqué ce même principe de dégénération dans les sociétés politiques non constituées. Le christianisme, qui ne prescrivait qu'humilité à *l'esprit,* désintéressement au cœur, mortification aux *sens,* n'excita aucun trouble dans l'Empire, et c'est une louange que les païens eux-mêmes lui donnaient. Il s'étendit par la seule force de son principe intérieur, *semblable au grain de sénevé qui se développe, ou à la pâte qui fermente* ; mais la réforme, qui permettait l'orgueil *à l'esprit,* l'intérêt au cœur, les jouissances aux *sens,* puisqu'elle autorisait les inspirations particulières, le pillage des propriétés religieuses et le divorce, mit d'abord l'Europe en feu. Des guerres de trente ans, des dévastations inouïes furent les jeux de son berceau ; la France, l'Allemagne, l'Angleterre, les Pays-Bas, la Suisse, la Bohême, la Pologne, où elle s'était introduite, furent en proie aux horreurs des discordes civiles ; l'Espagne, l'Italie, le Portugal, où elle n'avait pu pénétrer, furent tranquilles. Ce sont des faits incontestables : et qu'on ne dise pas que les réformés ne furent pas toujours les agresseurs ; car il est évident que la secte qui s'élève est nécessairement agressive, quoique ses fauteurs ne soient pas toujours et dans toutes les rencontres les premiers attaquants. La réforme a été la cause des troubles passés, puisqu'elle est la cause des troubles présents ; et la guerre actuelle n'est, à le bien prendre, que l'effet du fanatisme des opinions, qui ont pris naissance dans le sein de la réforme et qui suivent *nécessairement* de ses principes.

Deuxième partie : Sociétés religieuses

Non seulement la réforme a été et est encore cause de trouble, mais elle doit l'être ; elle le sera toujours ,*nécessairement,* et malgré ses sectateurs eux-mêmes, parce que l'on peut dire de la société religieuse, comme de la société politique : « Si le législateur, se trompant dans son objet, établit un principe différent de celui qui naît de la nature des *choses,* la société ne cessera d'être agitée, jusqu'à ce que le principe soit détruit ou changé, et que l'invincible nature ait repris son empire. »

13. De la liberté de l'homme, et de l'accord de son libre arbitre avec la volonté de Dieu

J'ai dit, dans la première partie de cet ouvrage, qu'il n'existait de liberté pour l'homme de la société politique, que dans la société politique constituée, ou monarchie royale ; et je dis qu'il n'existe de liberté pour l'homme de la société religieuse, que dans la société religieuse constituée, ou la religion chrétienne catholique.

Tout être a une fin, qui est l'objet de sa *volonté,* s'il est intelligent, de sa *tendance, s'il* est matériel. Tout être a le moyen de parvenir à sa fin ; car s'il n'avait pas le *moyen* de parvenir à sa fin, il n'y parviendrait pas ; sa *fin* ne serait pas sa *fin,* ce qui est absurde.

Dans l'être à la fois intelligent et matériel, le moyen tient à la fois à l'esprit et au corps, à la vo*lonté* et à la *force : ce* moyen est l'amour, nœud de la *volonté* et de la *force,* puisqu'il *peut* faire servir la force à accomplir la volonté. L'amour est donc *pouvoir,* lorsqu'il agit par la force ou par les sens.

Dès que l'are a une fin, qui est l'objet de sa volonté, la liberté de cet être consiste à parvenir à sa fin, *parce que la liberté d'un être consiste à accomplir sa volonté. L'homme est libre, lorsqu'il accomplit sa volonté par son pouvoir, ou ce qui est la même chose, lorsqu'il a le pouvoir d'accomplir sa volonté.*

L'homme, membre de la société, ne peut, ne doit avoir d'autre volonté que celle du corps social, ou de la société dont il est membre : donc la volonté de l'homme social, ou de l'homme en société, n'est que la volonté de la société, puisque la volonté générale de la société doit prédominer et détruire toutes les volontés particulières de l'homme.

Louis de Bonald

La société des hommes physiques intelligents, ou la société politique, accomplit sa volonté sociale ou générale, par son devoir social ou général, qui est le monarque. La société des hommes intelligents physiques, ou la société religieuse, accomplit sa volonté sociale ou générale par son *pouvoir social* ou général, qui est l'homme-Dieu, présent dans le sacrifice perpétuel. Donc l'homme en société politique est libre dans la société monarchique, et l'homme en société religieuse est libre dans la religion chrétienne.

Donc l'homme en société politique n'est libre que dans *la* société monarchique ou constituée, et l'homme en société religieuse n'est libre que dans la religion chrétienne ou constituée ; parce que ce n'est, comme on l'a vu, que dans la société monarchique et la religion chrétienne, que la volonté sociale se manifeste par des lois ou rapports *nécessaires* dérivés de la nature des êtres, et qu'elle s'accomplit par un pouvoir social, c'est-à-dire par l'amour de Dieu ou des hommes dirigeant la force conservatrice.

Donc l'homme politique n'est pas libre dans les sociétés politiques non constituées, ni l'homme religieux dans les sociétés politiques non constituées ; puisque, dans ces sociétés, il n'y a pas de volonté générale de conservation qui s'accomplisse par un pouvoir général conservateur, mais que l'homme y manifeste ses volontés particulières et destructives, par des lois ou rapports non *nécessaires,* et contraires à la nature des êtres, et qu'il les accomplit par son pouvoir particulier, c'est-à-dire, par l'amour déréglé de soi, dirigeant la force publique.

La liberté dans l'homme n'est pas le libre arbitre car le libre arbitre de l'homme est le choix entre le bien et le mal, entre la liberté et l'esclavage.

Tant que l'homme a le choix entre le bien et le mal, qu'on appelle *libre arbitre, il* n'a pas encore la liberté (actuelle), puisque la liberté ne peut exister qu'après avoir choisi. Ainsi, la liberté (actuelle) n'existe qu'au moment où le *libre arbitre* cesse. Car la liberté ne peut exister qu'avec la volonté ; et la délibération, que suppose l'exercice du libre arbitre n'admet pas encore la volonté. L'homme n'a de vouloir agir, c'est-à-dire, de volonté et de force, que quand il a choisi ce à quoi il veut appliquer l'une et l'autre.

On peut, à l'aide des principes que je viens d'établir, donner une idée assez distincte de l'accord de la volonté de Dieu avec le libre arbitre de l'homme.

En effet, Dieu, auteur de toutes les lois parfaites ou rapports *nécessaires qui* existent entre les êtres sociaux, et qui doivent conduire à sa perfection l'homme social intérieur ou intelligent, comme l'homme social extérieur ou physique, (perfection qui ne peut exister pour l'être intelligent que dans 'un état où il sera purement intelligent) Dieu, dis-je, influe sur le choix qu'a l'homme de se conformer à ces lois ou rapports *nécessaires* pour parvenir à sa fin sociale, ou de s'en écarter : à peu près comme un prince, qui, pour conduire les voyageurs à sa ville capitale, fait percer des routes à travers les forêts, construire des chaussées sur les marais, et des ponts sur les rivières, influe sur le choix qu'a le voyageur de passer les fleuves à la nage, de s'enfoncer dans les marais, ou de s'égarer dans les bois ; et quoique le prince puisse prévoir avec certitude l'usage que le voyageur, maître de lui-même dans ses facultés morales et physiques, fera de son *libre arbitre,* on peut dire qu'il ne gêne sa volonté en aucune manière, qu'il dirige le choix du voyageur sans le contraindre, et qu'il le connaît sans le prévenir. Cette comparaison est exacte dans tous ses points ; car si le voyageur, en s'écartant de la route qui lui est tracée et qu'il ne peut méconnaître, se noie dans le fleuve, ou s'égare dans les sentiers et tombe entre les mains des voleurs, la faute ne peut en être imputée au prince, qui lui a ménagé tous les secours nécessaires pour le faire arriver heureusement au terme de son voyage, et qui ne pouvait sans tyrannie employer la *force* pour le contraindre à suivre les routes les plus sûres...

14. Observations générales sur les religions constituées et non constituées

... On a déjà remarqué que la religion protestante est plus favorable au commerce, parce qu'elle permet à l'homme de se transporter partout où son commerce l'appelle, et qu'un réformé, au moins calviniste, zélé sectateur de sa croyance, peut en remplir seul les devoirs ; ce qu'un catholique ne peut pas faire. Aussi tous les pays protestants sont-ils très commerçants ; mais ce n'est là

Louis de Bonald

qu'une raison secondaire, et il y en a une beaucoup plus profonde. L'intérêt a fondé ces sectes, et il en est encore le *pouvoir*.

L'or est devenu la divinité extérieure et sensible des sociétés commerçantes et républicaines, qui sont aussi plus riches en général que les sociétés catholiques. Mais le commerce n'est si fort en faveur dans les sociétés non constituées ou les républiques, que parce qu'il place l'homme à l'égard de son semblable, dans l'état sauvage, tel qu'il peut exister au sein des sociétés policées, et qu'il s'allie naturellement avec des gouvernements où les lois ne sont que les volontés particulières de l'homme dépravé. Cette assertion paraît un paradoxe ; venons à la preuve. Quel est le caractère de l'état sauvage ? C'est de placer les hommes, les uns à l'égard des autres, dans un état de guerre ou d'envahissement de la propriété : or le commerce, tel qu'il se pratique presque partout en Europe, est un envahissement réel de la propriété d'autrui ; et lorsqu'on voit le marchand n'avoir aucun prix réglé pour ses marchandises, le commerçant spéculer sans pudeur sur le papier empreint du sceau funeste de l'expropriation la plus odieuse, le négociant, quelquefois le plus accrédité, faire arriver en poste de la maison voisine des courriers haletants de sueur et de fatigue, pour répandre une nouvelle politique qui puisse hausser le prix des effets qu'il veut vendre, ou faire baisser le prix de ceux qu'il veut acheter, on a sous les yeux, réellement et sans métaphore, le spectacle hideux d'une bande de sauvages qui se glissent dans l'obscurité, pour aller enlever la chasse de leur ennemi, ou incendier son habitation. je dis plus, et sans recourir à ces abus malheureusement trop communs, je soutiens que le commerce, même le plus honnête, place nécessairement les hommes, les uns à l'égard des autres, dans un continuel état de guerre et de ruse, dans lequel ils ne sont occupés qu'à se dérober mutuellement le secret de leurs spéculations, pour s'en enlever le profit, et élever leur commerce sur la ruine ou la diminution de celui des autres ; au lieu que l'agriculture, dans laquelle tous les procédés sont publics et toutes les spéculations sont communes, réunit les hommes extérieurs dans une communauté de travaux et de jouissances, sans diviser les hommes intérieurs par la crainte de la concurrence ou la jalousie du succès. Aussi l'agriculture doit-elle être le fondement de la prospérité publique dans une société constituée, comme elle y est la plus honorable et la plus utile des professions qui ne sont pas sociales ; et le commerce est, dans une société non constituée, le fondement de la fortune publique, comme il est, dans ces mêmes sociétés, la source de toute considération personnelle.

15. Effets de la religion chrétienne sur l'homme et sur la société parallèle de la religion et de la philosophie

Les hommes à préjugés demandent si la religion chrétienne a rendu les hommes meilleurs. L'homme isolé, considéré en lui-même et indépendamment de la société dont il fait partie, est et a été toujours et partout le même, sujet aux mêmes besoins, livré aux mêmes passions, doué des mêmes facultés, mais l'homme social est incontestablement devenu plus parfait, et l'on ne doit considérer l'homme que dans la société.

La religion a détruit tous les crimes sociaux ou publics, ceux qui attaquaient l'homme de la société religieuse, comme le sacrifice barbare de sang humain ou le sacrifice infâme de la pudeur, le trafic imposteur des oracles et l'apothéose de l'homme ; ceux qui attaquaient l'homme de la société politique en exaltant sa force ou sa passion, comme l'atrocité des spectacles, la férocité des guerres, la dépravation de l'homme physique, on en opprimant sa faiblesse, celle de l'âge par l'exposition publique, celle du sexe par le divorce, celle de la condition par l'esclavage ; et je ne parle que des crimes qu'elle a fait cesser, et non des vertus qu'elle a fait éclore, de l'amour de Dieu, de l'amour des hommes, du mépris de la propriété, qui ont fondé, qui ont enrichi, qui ont peuplé tant d'établissements religieux destinés à soulager toutes les faiblesses de l'humanité : établissements que la philosophie a pu calomnier et détruire, mais qu'elle ne remplacera jamais. Depuis que la religion chrétienne était mieux connue, la guerre s'était faite, au moins jusqu'à nos jours, jusqu'aux jours de la philosophie, avec plus d'humanité. Mais si la société n'a plus les mêmes vices, l'homme a les mêmes passions ; et ceux qui voudraient que la religion chrétienne, destinée à sauver tous les hommes, comme à perfectionner toutes les sociétés, eût frappé l'univers et frappât chaque homme d'un éclat irrésistible oublient que, si l'homme avait une certitude physique et par ses sens, de l'existence de Dieu, de l'immortalité de l'âme, des peines ou des récompenses de l'autre vie, il n'y aurait plus de combats, plus de vertus, parce qu'il n'y aurait plus de choix. À la hauteur des dogmes qui confondent l'esprit, à l'austérité de la morale qui gêne le cœur, à la sévérité des préceptes qui mortifient les sens, je reconnais la divinité du fondateur de la religion chrétienne, qui donne pour lois aux êtres sociaux les rapports *nécessaires* dérivés de leur nature : comme aux moyens que l'homme emploie, à l'intérêt, à la volupté, à la terreur, je reconnais l'homme qui veut m'imposer les lois qu'il a faites, c'est-à-dire m'assujettir à ses opinions particulières, rapports absurdes et contraires à la nature des êtres.

L'homme n'a pas la capacité de connaître la nature de Dieu, et Dieu lui-même ne peut pas lui donner cette capacité ; car si l'esprit de l'homme pouvait comprendre la nature de Dieu, l'homme intelligent serait égal à Dieu : car deux intelligences qui peuvent se comprendre mutuellement et également sont égales. Les mystères, ou les choses que l'homme ne peut pas comprendre dans la religion, sont donc *nécessaires* dans une religion divine ; ils sont un rapport *nécessaire* qui dérive de la nature des êtres ; et une religion divine, on constituée, a ses mystères pour tous les hommes, par la même raison que les hautes sciences ont leurs obscurités pour les gens bornés.

Si la raison de l'homme n'était jamais préoccupée par les passions, elle obéirait toujours aux lois de la religion, dont elle n'aurait aucun intérêt à révoquer en doute la sagesse ; mais la raison de l'homme n'est jamais sans incertitudes, parce que l'homme n'est jamais sans passions. De là suit la nécessité d'une autorité qui puisse la fixer. Elle peut être fixée de deux manières, ou en éclairant ses incertitudes, ou en réprimant sa curiosité ; mais l'esprit de tous les hommes ne peut pas être également éclairé, et l'esprit d'aucun homme ne peut être entièrement éclairé ; au lieu que la curiosité de tous les hommes peut être parfaitement et également réprimée. Donc la répression de la curiosité, et la soumission de la raison par la foi, est un moyen plus efficace et plus général de fixer l'esprit des hommes et de tous les hommes ; donc il convient mieux à la société ; donc il est *nécessaire*. C'est ici le champ de bataille de la philosophie et de la religion. La religion, pour rendre l'homme vertueux, veut soumettre la raison de l'homme par la foi ; la philosophie veut l'éclairer par l'intérêt.

L'intérêt dans l'homme est l'amour de soi, ou la passion de dominer, et cette passion dans l'homme dépravé est essentiellement injuste. La raison dans l'homme est une lumière qui lui sert à distinguer le bien du mal ; et cette lumière, dans l'homme passionne ou intéressé, est essentiellement bornée. C'est donc un aveugle mené par un guide corrompu. Donc la religion qui réprime l'intérêt et soumet la raison, convient mieux à l'homme que la philosophie, qui donne la raison à conduire à l'intérêt.

La philosophie, qui suppose la passion calme et la raison éclairée, ne peut conserver la société, puisqu'elle commence par méconnaître la source des désordres qui la détruisent. La religion, qui suppose la raison bornée et la passion violente, connaît la véritable source des désordres de la société, et pourvoit à sa conservation.

Enfin, et je prie le lecteur de peser cette observation, la philosophie veut contenir la passion par l'intérêt, c'est-à-dire régler l'homme intérieur par l'homme intérieur, et elle cherche un équilibre impossible entre l'intérêt et la passion ; au lieu que la religion prend hors de l'homme, et dans Dieu même, le moyen de contenir l'homme.

Ainsi la philosophie constitue la religion de l'homme, comme elle veut constituer son gouvernement politique, par *l'équilibre des pouvoirs* intérieurs, c'est-à-dire des amours-propres, des passions ; au lieu que la nature constitue la religion, comme elle constitue le gouvernement, par le pouvoir général et la force générale.

ISBN : 978-1537337890

Louis de Bonald